MIX
Papier aus verantwortungsvollen Quellen
Paper from responsible sources
FSC® C105338
FSC
www.fsc.org

Ulrike Neumaier

Subjekte und Objekte in posttraditionalen Wissensgesellschaften

Bruno Latour, Karin Knorr Cetina und andere Aktanten

Diplomica Verlag GmbH

Neumaier, Ulrike: Subjekte und Objekte in posttraditionalen Wissensgesellschaften: Bruno Latour, Karin Knorr Cetina und andere Aktanten.
Hamburg, Diplomica Verlag GmbH 2013

Buch-ISBN: 978-3-8428-8249-2
PDF-eBook-ISBN: 978-3-8428-3249-7
Druck/Herstellung: Diplomica® Verlag GmbH, Hamburg, 2013

Bibliografische Information der Deutschen Nationalbibliothek:
Die Deutsche Nationalbibliothek verzeichnet diese Publikation in der Deutschen Nationalbibliografie; detaillierte bibliografische Daten sind im Internet über http://dnb.d-nb.de abrufbar.

Inhaltsverzeichnis:

1.	**Eine „kopernikanische Gegenrevolution“**	3
1.1.	Kant und seine kopernikanische Wende	5
1.2.	Peirce und seine pragmatische Wende	9
2.	**Karin Knorr Cetina und die „Sozialität mit Objekten“**	14
2.1.	Die Bedeutung der Laborwissenschaften	15
2.1.1.	Drei unterschiedliche Labortypen	16
2.1.2.	Das CERN	21
2.1.3.	Von den epistemischen Kulturen zum epistemischen Objekt	25
2.2.	Die Objekte in den Laboratorien	27
2.3.	Die Bedeutung der Struktur des Wünschens und Begehrens in der Wissenschaftsforschung	29
2.4.	Die Bedeutung der Reziprozität und Solidarität für eine Objekt-orientierte Sozialität	31
2.5.	Auseinandersetzungen mit Karin Knorr Cetina	34
2.6.	Objekt-zentrierte Beziehungen	39
3.	**Latour und die Geschichtlichkeit der Dinge**	43
3.1.	Die Frage nach der Wirklichkeit	44
3.2.	Ein Referenzmodell	45
3.3.	Die Wissenschaft als Blutkreislauf	47
3.4.	Die Herstellung von Realität	50
3.4.1.	Die Entstehung der Substanz	51
3.4.2.	Ereignisse	53
3.4.3.	Ein Lösungsversuch für den Konflikt zwischen Konstruktivismus und Realismus	56
3.4.4.	Der Versuch einer Neuverteilung der Sprachfähigkeit zwischen Menschen und nichtmenschlichen Wesen	58
3.4.5.	Die Dinge und ihre Geschichtlichkeit	60
3.4.5.1.	Eine raum-zeitliche Hülle für Propositionen	62
3.4.5.2.	Die Substanz als Institution	64
3.4.5.3.	Eine rückwärtsgerichtete Verursachung	65

3.5. Latours Handlungsprogramm oder die Aktor-Netzwerk-Theorie (ANT) 66
3.6. Auseinandersetzungen mit Bruno Latour 69
3.6.1. Eine Objekt-orientierte Handlungstheorie 77

4. Eine Vergesellschaftung von Objekten 81

5. Literaturverzeichnis 91

1. Eine „kopernikanische Gegenrevolution“[1]

> Die Aufklärung hat endlich eine Bleibe. Die Naturen sind präsent, aber mit ihren Repräsentanten, den Wissenschaftlern, die in ihrem Namen sprechen. Die Gesellschaften sind präsent, aber mit den Objekten, die ihnen schon immer Gewicht gegeben haben. (Latour 1998: 192)

Die Moderne, ausgehend von Descartes und seinem methodischen Zweifel, über Kant und seine kopernikanische Wende bis hin zu Hegel und seinem absoluten Wissen, entwickelte eine Erkenntnistheorie, die die Bedingungen der Erkenntnismöglichkeit weg vom Objekt hin zum Subjekt verlagert hat. Es entsteht ein Subjekt, das mit Hilfe eines bestimmten Prinzips, wie z.B. bei Kant mit der Vernunft und der Urteilskraft, zu einer Erkenntnis gelangt, die nicht mehr ein „Ding an sich“ erkennen kann, sondern nur durch die Aufdeckung der Grenzen seines Prinzips sozusagen „Sich selbst“ erkennt. Diese Grenzen liegen im Subjekt selbst, das sich selbst „als wahrnehmend und erkennend thematisiert, d.h. reflexiv sich selbst zum Gegenstand seines Denkens macht.“ (Hauskeller: 7)

Kant deklariert in der „Kritik der reinen Vernunft“ seine Vorgehensweise, mit der er der Wissenschaft zu sicheren Erkenntnissen verhelfen und sie vor dem bloßen „Herumtappen“ (B XI) bewahren will, als „Revolution der Denkart“ (ebd.). Er schreibt in seiner Vorrede:

> Bisher nahm man an, alle unsere Erkenntnis müsse sich nach den Gegenständen richten; aber alle Versuche, über sie a priori etwas durch Begriffe auszumachen, wodurch unsere Erkenntnis erweitert würde, gingen unter dieser Voraussetzung zu nichte. Man versuche es daher einmal, ob wir nicht in den Aufgaben der Metaphysik damit besser fortkommen, dass wir annehmen, die Gegenstände müssen sich nach unserem Erkenntnis richten. (B XVI)

200 Jahre nach Kant wurde und wird dieses Projekt von verschiedenen Seiten[2] kritisiert oder sogar in Frage gestellt. Was als Projekt der Aufklärung[3] so verheißungsvoll begann, als „Ausgang des Menschen aus seiner selbstverschuldeten Unmündigkeit“[4], muss über seine eigenen Grenzen nachdenken[5].

---

[1] Latour (1998: 105)
[2] Einzelne Philosophen und Denkrichtungen, die Kant kritisieren oder in Frage stellen, sollen an dieser Stelle nicht genannt werden, denn es ist davon auszugehen, dass „alle Philosophie der letzten 200 Jahre in impliziter oder expliziter Auseinandersetzung mit Kant steht.“ siehe Nordmann (2005b: 134)
[3] vgl. z.B. Kants Artikel „Beantwortung der Frage: Was ist Aufklärung?“
[4] ebd. (9)
[5] so zum Beispiel von Horkheimer und Adorno in der „Dialektik der Aufklärung“ ausgeführt

Damit wird aber auch zugleich der Weg frei, eine „Gegenrevolution“[6] zu starten. Was geschah mit den Objekten? Was liegt nun „wirklich“ außerhalb des Subjekts? Was ist real, was konstruiert? Konstruiert das Subjekt tatsächlich die Objekte oder können nicht vielleicht doch auch die Objekte das Subjekt konstruieren? Die Wissenschaftsphilosophie, die Wissenschaftsforschung bzw. die science studies[7] eröffnen mit ihren Ausführungen über das Labor und das Experiment Möglichkeiten, einen neuen Blick auf wissenschaftliche Objekte zu werfen.

Somit liegt zuerst einmal das Erkenntnisinteresse dieses Buches daran, diese wissenschaftlichen Objekte zu untersuchen und zu sehen, welche Strukturen sie aufweisen und in welchen Beziehungen sie zum Subjekt und zum Erkenntnisprozess stehen (Kapitel 2: Karin Knorr Cetina und die Sozialität mit Objekten). Wenn man aufgrund dieser Untersuchungen die Objekte als etwas, das außerhalb des Subjekts liegt, ansehen muss, das zwar durchaus vom Subjekt konstruiert wurde, aber auf das Subjekt zurückwirkt und damit die Denk-, Wahrnehmungs- und Handlungsstrukturen im Subjekt nachhaltig beeinflusst, dann kann man Konsequenzen aufzeigen, die für das Subjekt entstehen, jedoch von diesen Objekten ausgelöst wurden.

Ist man an dieser Stelle angelangt, dann bleibt die Frage offen, ob die Dichotomie von Subjekt und Objekt, von Natur und Kultur, überhaupt noch Geltung beanspruchen kann oder ob doch nicht besser mit dem „Versuch einer symmetrischen Anthropologie“[8] neue Perspektiven der Denk-, Wahrnehmungs- und Handlungsmöglichkeiten durch die Einführung des Begriffes der „Aktanten“ gewonnen werden können (Kapitel 3: Latour und die Geschichtlichkeit der Dinge).

---

[6] Dies ist ein Vorschlag von Latour (1998: 105).

[7] Fohler definiert diesen Begriff folgendermaßen:„Mit dem Begriff *science studies* wird eine bestimmte Form der Wissenschafts- und Techniksoziologie bezeichnet, die seit etwa zwanzig Jahren von einigen französischen und englischen Wissenschaftlern vorangetrieben wird. In *Wir sind nie modern gewesen* hat Bruno Latour versucht, so etwas wie die theoretische Grundlegung dieser Forschung darzulegen. Das hervorstechendste Merkmal der science studies besteht in seinen Augen darin, dass diese versuchen, die fundamentale Grenze zwischen Natur-/Ingenieur und Geistes-/Sozialwissenschaften möglichst oft zu überschreiten“. Um die Wechselwirkungen und gegenseitige Abhängigkeit dieser beiden Gebiete aufzuzeigen, kombinieren sie zwei Wissenschaftstraditionen, „die gewöhnlich nicht zusammen gedacht werden: Wissenschaftsgeschichte und Ethnologie“ (vgl. Fohler: 251 ff). Von daher gelangen sie zu umfangreichen Forschungsergebnissen, die Wissen und Wissensprozesse nicht nur von außen betrachten.

[8] Latour benutzt diese Bezeichnung der symmetrischen Anthropologie in seinem Buch 1998 als Untertitel.

Abschließend soll ein Versuch unternommen werden, um die Bedeutung dieser Erkenntnistheorie, die die Objekte miteinbezieht, hervorzuheben, zu zeigen, dass es diesen Darstellungen von Karin Knorr Cetina und Bruno Latour gelingen könnte, eine „Umstellung der theoretischen Optik“ (Rammert, 1998: 10) im Bereich der Sozialtheorie in die Wege zu leiten. Mit der Abwendung von einer Subjekt-orientierten Betrachtungsweise hin zu einer Objekt-orientierten könnte unter Umständen das begriffliche Material zur Verfügung gestellt werden, das Probleme, die in einer „post-traditionalen Wissensgesellschaft“ (Knorr Cetina, 1998b: 83) in den Fokus rücken, besser bearbeiten könnte. Wie dies aussehen könnte, soll im vierten und letzten Kapitel mit der Überschrift: Eine Vergesellschaftung von Objekten gezeigt werden.

Um die Problemstellung besser darstellen zu können, soll zu Beginn, allerdings nur in einem kurzen Aufriss, auf Kant und seine Ausführungen über die kopernikanische Wende eingegangen werden. Von dort aus soll mit Hilfe von Peirce und seiner Auseinandersetzung mit der wissenschaftlichen Methode der Übergang vom Subjekt- zum Objektbereich ermöglicht werden. Seine pragmatische Wende kann verdeutlichen, welche neuen Denkmöglichkeiten sich eröffnen, wenn man das Wissen bzw. die Erkenntnis nicht als apriorisches Gebilde erfasst, sondern den Fokus auf den Prozess der Wissensgewinnung richtet.

1.1. Kant und seine kopernikanische Wende[9]

Nachdem Hume[10] ihn aus dem „dogmatischen Schlummer“[11] geweckt hat, steht Kant vor dem Problem, dass es das Schicksal der menschlichen Vernunft ist, durch Fragen belästigt zu werden, die sie nicht beantworten kann, da sie ihr Vermögen übersteigen (KrV, A VII). Bei dem Versuch der Beantwortung dieser Fragen gelangt sie immer wieder „in Dunkelheit und Widersprüche“ (A VIII), aus denen sie nicht mehr herausfindet. Kant möchte der Vernunft aus diesen Antinomien heraushelfen und damit gleichzeitig sowohl den Dogmatismus als auch den Skeptizismus überwinden (B 23).

---

[9] bei der Kantinterpretation beziehe ich mich vor allen Dingen auf Otfried Höffe: Immanuel Kant, Kapitel II, „Was kann ich wissen? – Die Kritik der reinen Vernunft“ (44 ff)

[10] Denn Hume schreibt (90): „Wenn aber eine besondere Art von Ereignissen immer in allen Fällen im Zusammenhang mit einer anderen aufgetreten ist, so scheuen wir uns nicht, beim Erscheinen der einen die andere vorherzusagen und jenen Denkakt anzuwenden, der uns allein Tatsachen oder Dasein sicherstellt. Wir nennen dann den einen Gegenstand *Ursache*, den anderen *Wirkung*.“- In seinen Ausführungen zeigt er dann, dass diese Verknüpfung von Ursache und Wirkung nicht auf eine Gesetzmäßigkeit zurückzuführen ist, sondern lediglich durch Gewohnheit erzeugt wird.

[11] Kant, Prolegomena (260)

So sucht er nach den Bedingungen, die Erkenntnisse ermöglichen, und macht den Vorschlag die Bestimmungen des Objekts nicht mehr im Objekt selbst zu suchen, sondern, so die Wende, die Strukturen im Subjekt aufzudecken, die notwendig sind, um einen Gegenstand zu erkennen. Er entwickelt ein System, das sich an den Prinzipien der Logik, der Mathematik, aber vor allen Dingen der Naturwissenschaften orientiert (B VII–B XIII). Gerade die Naturwissenschaften seiner Zeit mit ihrer spezifischen Denk- und Anwendungsweise von Experimenten stellen ihm eine Methode zur Verfügung, die es ihm ermöglicht, dieses Projekt zu verwirklichen und Rationalismus und Empirismus zusammenzubringen.

Galilei und Torricelli [12] sind für Kant die Vorreiter dieser neuen Methode. Aufgrund ihrer Beobachtung der „Natur" entwickeln diese über ein Gedankenexperiment apriorische und damit erfahrungsunabhängige Definitionen, leiten von diesen ihre Theorien und Hypothesen ab und entwerfen Experimente, mit denen sie ihre Sätze auf ihre Richtigkeit hin überprüfen. Bestätigt das Experiment ihre Theorien und Hypothesen, dann werden diese, obwohl erfahrungsunabhängig gewonnen, konstitutiv für das Verständnis ihrer Forschungsarbeit. Sie werden konstitutiv für die mechanische Physik, der Erfahrung allgemein und damit für die Möglichkeit der Erkenntnis der „Natur"[13]. Diese Form der Experimentiermethode[14], die sich zu Kants Zeit vor allen Dingen auf die euklidische Geometrie stützte, war somit auf einen logisch-deduktiven Prozess zur Gewinnung des Gedankenexperiments und zur Generierung des Experiments angewiesen und benötigte zudem einen empirisch-induktiven Bestätigungsprozess[15]. So kann Kant über diese Form der Experimente schreiben, „dass die Vernunft nur das einsieht, was sie selbst nach ihrem Entwurfe hervorbringt." (B XIV)

[12] Kant bezieht sich hier auf Galileis Untersuchungen der schiefen Ebene und auf Torricellis Untersuchungen des Luftdrucks. (B XIII)
[13] vgl. Mittelstraß (Band 1, 701)
[14] Groß/Hoffmann-Riem/Krohn schreiben hierzu: „Galileis Versuchsanordnung bietet einen dreifachen Gewinn: Vereinfachung, Manipulation und Wiederholbarkeit. Das moderne wissenschaftliche Laboratorium, in dem es um Techniken im Dienst der Naturerkenntnis geht, war geboren." (27)
[15] vgl. Nagl (26)

Für sein eigenes Projekt bedeutet dies erweitert formuliert: „Die Vernunft muss mit ihren Prinzipien, nach denen allein übereinkommende Erscheinungen für Gesetze gelten können, in einer Hand, und mit dem Experiment, das sie nach jenen ausdachte, in der anderen, an die Natur gehen, zwar um von ihr belehrt zu werden, aber nicht in der Qualität eines Schülers, der sich alles vorsagen lässt, was der Lehrer will, sondern eines bestallten Richters, der die Zeugen nötigt, auf die Fragen zu antworten, die er ihnen vorlegt.“ (B XIV)

Nachdem Kant zuvor noch die Metaphysik als „einen Kampfplatz dieser endlosen Streitigkeiten“ (A VIII), der Streitigkeiten, die zu keinen sicheren Erkenntnissen gelangen können, aber dennoch immer wieder die menschliche Vernunft herausfordern (A VII), deklarierte, möchte er ihr durch die Einführung eines Gerichtshofs und der Vernunft als Richter, zum Status einer Wissenschaft verhelfen. Die Vernunft soll jedoch nicht nur kritisch die Metaphysik und die Wissenschaften untersuchen, sondern sie soll auch sich selbst kritisch[16] hinterfragen können, um zu sicheren Ergebnissen zu gelangen. Wie aber kann die Vernunft zu sicheren Erkenntnissen gelangen, wie kann sie objektives Wissen erreichen?

Um diese Frage zu beantworten, um ein System zu entwickeln, das das Mannigfaltige der empirischen Erfahrung vorstrukturiert, in eine Ordnung bringt und dennoch unabhängig von dieser Erfahrung ist, und damit die Bedingungen der Möglichkeit von Erkenntnis aufzuzeigen, entwickelt Kant zunächst „zwei Stämme der menschlichen Erkenntnis“(B 30): die Sinnlichkeit und den Verstand. Diese zwei Erkenntnisvermögen untersucht er hinsichtlich ihrer Elemente, die zu einer von allen Eindrücken der Sinne unabhängigen Erkenntnis (B2) führen, die er als eine reine Erkenntnis oder eine Erkenntnis a priori bezeichnen kann:

Damit ein Gegenstand wahrgenommen werden kann, dass er „erscheinen kann“, so Kant, muss zuerst das Gemüt affiziert werden. Die Fähigkeit des Gemütes, affiziert zu werden, nennt er „Sinnlichkeit“. „Vermittelst der Sinnlichkeit also werden uns Gegenstände gegeben, und sie allein liefert uns Anschauungen.“ (B 33 ff) Die reinen Anschauungsformen der Sinnlichkeit, in denen nichts angetroffen werden kann, was zur Empfindung gehört (B36 ff), findet Kant in Raum und Zeit. Raum und Zeit sind damit selbst keine Eigenschaften von Gegenständen und keine Gegenstände der Erfahrung, sondern „in der Eigenart menschlicher Erkenntnis liegende erfahrungskonstituierende Ordnungsinstrumente für die Mannigfaltigkeit der Empfindungen“ (Mittelstraß: Band 2, 347).

[16] vgl. Titel: „Kritik der reinen Vernunft“ (Genitivus subjectivus und objectivus)

Damit ein Gegenstand gedacht werden kann, d.h. bestimmt werden kann, benötigt Kant den „Verstand". Der Verstand ist das Vermögen, Begriffe bzw. Regeln zu bilden (Kant: B 74 ff). Die reinen Verstandesbegriffe nennt Kant Kategorien[17]. Sie bilden die notwendigen Bausteine aller Gegenständlichkeit. Nur durch die Anwendung von ihnen kann objektives Wissen entstehen. In der transzendentalen Deduktion der Kategorien zeigt Kant, dass sie sich nicht aus der Erfahrung begründen lassen, denn: „Die Kategorie setzt also schon Verbindung voraus. Also müssen wir diese Einheit noch höher suchen, nämlich in demjenigen, was selbst den Grund der Einheit verschiedener Begriffe in Urteilen, mithin der Möglichkeit des Verstandes, sogar in seinem logischen Gebrauch enthält." (B 131)

Auf der Suche nach dieser nächsthöheren Ebene, die diese Synthese bewerkstelligen kann, gelangt er zu seiner Aussage: „Das: *Ich denke*, muss alle meine Vorstellungen begleiten *können*;" (B 132) Durch dieses „Ich denke" vollendet Kant seine kopernikanische Wende und damit sein Gedankenexperiment. Die Strukturen, die Bedingungen der Möglichkeit der Erkenntnis sind nicht mehr im Objekt zu finden, sondern sind im Subjekt verortet. Zugleich mit diesen Bedingungen zeigt er aber auch die Grenzen seiner Untersuchung auf, denn erst durch diese Setzung kann sein Projekt gelingen.

> Die mannigfaltigen Anschauungen werden nämlich nur so zu *meinen* Vorstellungen, indem sie auf ein zunächst nur vorgestelltes Ich bezogen werden, das ein diesen Vorstellungen gemeinsamer Bezugspunkt ist. Ohne diese Setzung gibt es weder ein einheitliches Ich noch eine für dieses Ich erfahrbare Welt. Mit der Setzung des *Ich* beginnt eine synthetische Leistung , in deren Verlauf sich die Setzung erst rechtfertigt, indem sich nämlich Ich und Welt gleichermaßen konsolidieren. Ein spontaner Akt des Denkens schafft somit die Voraussetzung dafür, dass die Welt und ich mir selbst zur Erscheinung gelangen. (Nordmann, 2005b: 128)

Obwohl Kant mit Hilfe von Raum und Zeit und den Kategorien erfahrungsunabhängige Grundlagen für sein Gedankenexperiment erarbeitet, gelangt dieses genau dann an seine Grenzen, wenn er nach der nächsthöheren Ebene fragen muss. Kant selbst diskutiert im weiteren Verlauf seiner Kritik bzw. seiner Kritiken die Problematiken, die sich daraus ergeben. Zwei Konsequenzen sollen in meiner Arbeit besonders hervorgehoben werden, da sie zeigen, dass durchaus bereits bei Kant die Problematik des Denkens einer Subjekt/ Objekt – Dichotomie erkennbar ist: Zum ersten ergibt sich aus dieser Setzung des Ich zwar „dass ich bin" (B158), aber nicht notwendigerweise eine Selbsterkenntnis, folglich, wie ich bin. Kant schreibt hierzu:

> „... so ist zwar mein eigenes Dasein nicht Erscheinung (vielmehr bloßer Schein), aber die Bestimmung meines Daseins kann nur der Form des inneren Sinnes gemäß nach der beson-

[17] Kant schreibt hierzu: „ Wir wollen diese Begriffe, nach dem Aristoteles, Kategorien nennen, ..." (B 106)

deren Art, wie das Mannigfaltige, das ich verbinde, in der inneren Anschauung gegeben wird, geschehen, und ich habe also demnach keine Erkenntnis von mir, wie ich bin, sondern bloß, wie ich mir selbst erscheine. Das Bewusstsein seiner selbst ist also noch lange nicht ein Erkenntnis seiner selbst, ..." (B 158)

Weitere Auseinandersetzungen späterer Philosophen müssen folgen, um dieses „Selbst" zu erkennen.

Zum zweiten bedeutet diese Wende auch auf der Objekt-/Naturseite eine Begrenzung der Erkenntnismöglichkeit. Kant bemerkt hierzu:

> „Jetzt soll die Möglichkeit, *durch Kategorien* die Gegenstände, die nur immer *unseren Sinnen vorkommen mögen*, und zwar nicht der Form ihrer Anschauung, sondern den Gesetzen ihrer Verbindung nach, a priori zu erkennen, also der Natur gleichsam das Gesetz vorzuschreiben und sie so gar möglich zu machen, erklärt werden" (B 160).

Die Kategorien ermöglichen es, der Natur die Gesetze vorzuschreiben. Sie stellen ein Instrumentarium dar, die unbestimmte Vielfalt der Sinneseindrücke vorzustrukturieren, in Gesetze zu übersetzen und diese an die Natur heranzutragen, um diese zu nötigen, „auf ihre Fragen zu antworten" (B XIV). Alles allerdings, was außerhalb dieses Erkenntnisinstrumentariums liegt, was mit diesen Mitteln, mit Raum, Zeit und den Kategorien, nicht erfasst werden kann, was in keine Gesetze übersetzt werden kann, kann zu keiner sicheren Erkenntnis, zu keinem objektiven, allgemeingültigen Wissen gelangen.

1.2. Peirce und seine pragmatische Wende

Obwohl oder gerade weil Peirce Kant mehr als bewunderte[18], kann er sich mit dessen Methode nicht zufrieden geben. Bei seiner Kritik an den Erkenntnistheorien, die zu seiner Zeit Gültigkeit beanspruchten, stellt er „Fragen hinsichtlich gewisser Vermögen, die man für den Menschen in Anspruch nimmt"(Peirce, CP 5.213 ff) und kommt zu dem Schluss, dass es vier Unvermögen gibt:

> 1. Wir haben kein Vermögen der Introspektion, sondern alle Erkenntnis der inneren Welt ist durch hypothetisches Schlussfolgern aus unserer Erkenntnis äußerer Fakten abgeleitet. 2. Wir haben kein Vermögen der Intuition, sondern jede Erkenntnis wird von vorhergehenden Erkenntnissen logisch bestimmt. 3. Wir haben kein Vermögen, ohne Zeichen zu denken. 4. Wir haben keinen Begriff[19] von einem absolut Unerkennbaren. (CP 5.265)

---

[18] vgl. Peirce (CP 5.525): „Kant (den ich *mehr* als bewundere) ist nichts als ein etwas verworrener Pragmatist."

[19] An dieser Stelle, ohne allzu sehr auf die Auseinandersetzungen zwischen Kant, Peirce und dem Ding-an-sich einzugehen, soll darauf hingewiesen werden, dass Peirce mit diesem 4. Punkt das Ding-an-sich als unbrauchbaren Begriff ablehnen wird. In CP 5.525 schreibt er hierzu ausführlicher: „Auf ein halb Dutzend Arten jedoch hat sich das *Ding an sich* als unsinnig herausgestellt und im folgenden ein weiteres Beispiel. Es wurde gezeigt [...], dass bei der formalen Analyse eines Satzes, nachdem alles, was Worte mitteilen können,

Aus dem ersten Unvermögen leitet er ab, dass es keine Erkenntnis der Außenwelt geben kann, die „auf unserem Selbstbewusstsein" (CP 5.266) gründet. Damit kann auch keinerlei Feststellung zugelassen werden, „die das betrifft, was in uns vorgeht, es sei denn als eine Hypothese, die notwendig ist, um zu erklären, was in dem, was wir normalerweise die Außenwelt nennen, vor sich geht" (ebd.). Da aber jede Erkenntnis von vorhergehenden abgeleitet werden muss, wie er es in seinem zweiten Punkt fordert, kann sie nur durch einen kontinuierlichen Prozess (CP 5.267) entstehen, dessen absolut erster Anfang (ebd.) nicht festgestellt werden kann. Erkenntnis ist damit kein statisches Produkt, sondern ein offener, dynamischer Prozess.

Bei der Auseinandersetzung mit seinem dritten Problem, dem Unvermögen, nicht ohne Zeichen denken zu können, stellt Peirce fest, dass ein Zeichen drei Bezüge aufweisen muss:

> [...] erstens ist ein Zeichen in Relation zu einem Gedanken, der es interpretiert, zweitens ist es ein Zeichen für ein Objekt, für das es jenem Gedanken gleichbedeutend steht, drittens ist es ein Zeichen in einer Hinsicht oder Qualität, die es mit seinem Objekt in Verbindung bringt (CP 5.283).

Was bedeutet gerade diese dritte Problemstellung für den Erkenntnisprozess? Hat Kant diesen Prozess in das Subjekt hinein verlegt, das mit Hilfe von Raum und Zeit und den Kategorien, den Erkenntnisprozess vorstrukturiert, versucht nun Peirce den Objektbereich in diesen Prozess zu integrieren. Erkenntnis entsteht aus Erkenntnis. Da aber jeder Gedanke durch Zeichen vermittelt wurde, kann Erkenntnis nur mit Hilfe dieser Zeichen entstehen. Woher kommen aber diese Zeichen? Wie kann man feststellen, dass ein Diamant hart ist? Wie kann ich eine Idee davon entwickeln? Lediglich über die denkbaren sinnlichen Wirkungen eines Begriffes und damit nur durch die Anwendung der pragmatischen Maxime. Peirce schreibt:

> „Überlege, welche Wirkungen, die denkbarerweise praktische Relevanz haben könnten, wir dem Gegenstand unseres Begriffs in unserer Vorstellung zuschreiben. Dann ist unser Begriff dieser Wirkungen das Ganze unseres Begriffes des Gegenstandes." (CP 5.403)

---

ins Prädikat verlegt wurde, ein Subjekt übrigbleibt, das unbeschreibbar ist und auf das man nur zeigen oder in anderer Wiese hinweisen kann, wenn nicht ein Weg beschrieben ist, auf dem das, auf welches bezug genommen wird, aufgefunden werden kann. Auf das *Ding an sich* aber kann man weder zeigen noch kann man es auffinden. Folglich kann sich kein Satz auf es beziehen, und nichts Wahres oder Falsches kann von ihm prädiziert werden. Daher müssen alle Hinweise auf es als sinnlos und überflüssig ausgemerzt werden."

Erst über die Hypothese, dass, wenn etwas nicht von anderen Dingen geritzt werden kann (CP 5.402)[20], es auch besonders hart ist, kann ein Testverfahren initiiert werden, das über eine Versuchsanordnung den Härtegrad von, zum Beispiel Diamanten, überprüfen kann. Nur durch die experimentelle Überprüfung der Hypothese können wir feststellen, dass Diamanten hart sind. Über eine pragmatisch-experimentelle Analyse kann eine Reihe von logisch miteinander verknüpften Zeichen so hergestellt werden, dass gezeigt werden kann, dass, da ein Diamant von keinen anderen Dingen beschädigt werden kann, er besonders hart sein muss.

Von daher wird aber auch deutlich, wie der Erkenntnisprozess nach Peirce aussehen soll, welche Methode angewandt werden muss, um zu einer sicheren Erkenntnis zu gelangen. Nachdem Peirce insgesamt vier Methoden (CP 5.378 ff) vorgestellt hat, die Erkenntnisse ermöglichen: die Methode der Beharrlichkeit, der Autorität, der Apriorität und die wissenschaftliche Methode, entscheidet er sich für die wissenschaftliche Methode, da nur diese eine pragmatisch-experimentelle Analyse sicher stellen kann. Sie stellt ein Verfahren zur Verfügung, das den Erkenntnisprozess so strukturiert, wie Peirce es sich vorstellt. Sie untersucht die Wirkungen von Dingen, kommt über diese Untersuchung zu Vorstellungsmöglichkeiten dieser Wirkungen, aber auch zu den Eigenschaften der Dinge, baut auf vorhandene, bereits überprüfte Erkenntnis auf, formuliert Hypothesen mit Hilfe von Zeichen und überprüft diese wieder durch einen experimentellen Prozess. So kann Peirce schreiben:

> Es gibt reale Dinge, deren Eigenschaften völlig unabhängig von unseren Meinungen über sie sind; dieses Reale wirkt auf unsere Sinne nach regelmäßigen Gesetzen ein, und obwohl unsere Sinnesempfindungen so verschieden sind wie unsere Beziehungen zu den Gegenständen, können wir doch, indem wir uns auf die Gesetze der Wahrnehmung stützen, durch schlussfolgerndes Denken mit Sicherheit feststellen, wie die Dinge wirklich und in Wahrheit sind;[...] (CP 5. 384)

Ohne Beharrlichkeit oder den Rekurs auf eine Autorität oder Apriorität kann erfasst werden, wie die Dinge wirklich und in Wahrheit sind, wie Zeichen verbindlich interpretiert werden können. Ein Wissen, das für wahr gehalten wird, kann entstehen, Überzeugungen können festgelegt werden und können Verhaltensweisen und Verhaltensgewohnheiten (habits) unserer Handlungen (CP 5.367 ff) bestimmen. Dieses Überzeugtsein bleibt so lange bestehen, bis es von der Empfindung des Zweifels abgelöst wird. Der Zweifel „regt

[20] Andere Untersuchungen von Peirce weisen explizit darauf hin, dass Peirce sich im Gegensatz zu Kant nicht nur mit der deduktiven und induktiven Vorgehensweisen beim Forschungsprozess auseinandersetzt, sondern dass ihn besonders die abduktive, die hypothesengenerierende (CP. 2.619 ff) Seite dieses Prozesses, interessiert.

uns zum Forschen an bis er beseitigt ist.“ (CP 5.373) Zweifel und Überzeugtsein[21] sind damit Voraussetzungen für einen Forschungsprozess, der immer wieder hinterfragt und bearbeitet werden kann bzw. muss.

Peirce findet nur in der wissenschaftlichen Methode eine Methode, die diese Offenheit gewährleistet, denn nur sie schafft die Möglichkeit, dass Wissen innerhalb einer Gemeinschaft, intersubjektiv und im Konsens entstehen kann. Stand bei Kant das Subjekt mit seinen apriorischen Erkenntnisstrukturen im Mittelpunkt seiner Untersuchungen über den Erkenntnisprozess, richtet Peirce den Fokus seiner Untersuchungen einerseits auf die Bedeutung der Zeichen, die intersubjektiv interpretiert werden müssen und andererseits auf die wissenschaftliche Methode. Er verschiebt damit den Prozess vom Subjekt hin zur Interaktion, zur Intersubjektivität.

Diese pragmatische Wende öffnet den Erkenntnisprozess zur Forschergemeinschaft, zur scientific community hin. Neuere Untersuchungen von Karin Knorr Cetina und Bruno Latour können nun zeigen, wie die Verschiebung dieser Perspektive, einen neuen Blick auf das Objekt wirft und damit einerseits den Forschungsprozess weiter offen hält und die Suche nach einer absoluten Wahrheit vor neue Probleme stellt und andererseits Konsequenzen für das Subjekt aufweist, das in seine Denk-, Wahrnehmungs- und Handlungsmöglichkeiten in Abhängigkeit von den in den Laboratorien hergestellten Objekten[22] gerät.

---

[21] Nagl (33) stellt in seiner Interpretation dieses „belief-doubt-belief“- Verfahrens einen Bezug zu Wittgenstein und Heidegger und dem „Zuhandenen“ her. Er schreibt: „Wittgenstein schreibt, ganz ähnlich, in *Über* Gewissheit, dass wir meist innerhalb eines 'Systems von Geglaubtem' handeln; und – in erstaunlicher Parallele – zeigt auch Heidegger in denjenigen Teilen von Sein und Zeit, die dem Pragmatismus nahe stehen, dass unser 'Alltag' im Regelfall durch die fraglose, 'vorthematische' Orientiertheit an 'Zuhandenem' bestimmt ist.“ Außerdem verweist er darauf, dass Peirce diese Analyse des Wechselspiels von „Zweifeln und Fürwahrhalten mit Blick auf die Handlungspsychologie des schottischen Philosophen Alexander Bain (1818-1903) formulierte“.

[22] Da wegen der zu hohen Komplexität und der zu starken Abschweifung nicht weiter auf diese Verschiebungen von Kant zu Peirce, zu Knorr Cetina und Latour eingegangen werden kann, soll an dieser Stelle auf Alfred Nordmanns Aufsatz (2005a) hingewiesen werden mit dem Titel: „*Noumenal* Technology: Reflections on the Incredible Tininess of Nano“. Zu Beginn seines Aufsatzes schreibt Nordmann: „Noumena are distinct from phenomena. While the latter are the things as they appear to us and as we experience them, the *noumena* are the philosophically infamous and mysterious things-in-themselves. The '*noumenal* technology' referred to in the title of this paper would therefore appear to be a contradiction in terms: Technology is a human creation that involves human knowledge and serves human needs; this firmly roots it in phenomena and it appears absurd to speak of technology that exists beyond human perception and experience among the things-in-themselves.“ – Nordmann zeigt mit Hilfe von Günther Anders Buches “Die Antiquiertheit des Menschen” und mit Bezugnahme auf Kant eine neue Problemdimension des Vorstellens und Herstellens, der noumenalen Technologie und phänomenalen Technologie, auf, die unter anderem durch die ungeheuere Kleinheit (“too small to be seen, too high-pitched to be heard” – S. 3 –) der Nanopartikel und die Möglichkeiten der Nanotechnologie (“Naturalisierung der Technik” – S. 6) entsteht.

Karin Knorr Cetina (2002) mit ihren Untersuchungen über „Wissenskulturen“ und Bruno Latour (2002) mit seinen Ausführungen über „Pasteur und die Mikroben“ können das Objekt in einen neuen Bedeutungshorizont für die Forschergemeinschaft, für diese Kollektive, stellen. Karin Knorr Cetina (1998b) hebt dabei die „Sozialität mit Objekten“ besonders hervor, Bruno Latour geht weiter und fordert eine symmetrische Anthropologie (1998). Beide Ansätze haben jedoch gemeinsam, dass die Strukturen, die Erkenntnis ermöglichen, die damit Bedingungen der Möglichkeit von Erkenntnis schaffen, nicht nur vom Subjekt, vom menschlichen Wesen abhängen, sondern auch von Objekten, von nicht-menschlichen Wesen mitgestaltet werden.

2. Karin Knorr Cetina und die „Sozialität mit Objekten“

Als Soziologin versucht Karin Knorr Cetina in ihrem Text: „Sozialität mit Objekten“ eine neue Verortung des Subjekts in einer post-traditionalen Wissensgesellschaft (Knorr Cetina, 1998b: 83) vorzunehmen[23]. Obwohl sie der Diagnose der sozialen Vereinzelung bzw. Individualisierung in den gegenwärtigen Gesellschaften (ebd.) nicht widersprechen möchte, fordert sie dazu auf, dies auf seitens des Individuums als Chance zu sehen, neue Beziehungsstrukturen, Objekt-zentrierte Beziehungen, einzugehen:

> Dieses Verständnis der „Einbettung“ des modernen Selbst als eine Angelegenheit des Verlustes menschlicher Beziehungen ignoriert Bindungen an nicht-menschliche Objektwelten. Es ignoriert das Ausmaß, in dem die Bindungsverluste moderner Individuen kompensiert werden durch die Expansion von Objekt-zentrierten Umwelten, die das Selbst situieren und stabilisieren, die individuelle Identität ebenso definieren, wie menschliche Gemeinschaften dies getan haben, und die Sozialitätsformen (Formen der Bindung des Selbst an ein „Anderes“) fördern, die an Stelle der menschlichen Formen von Sozialität treten, mit denen sich die Sozialwissenschaft traditionell beschäftigt. (ebd.)

Um diese Objekt-zentrierten Beziehungen darzustellen, diese neuen Bindungen zwischen Selbst und Anderen (1998b:112), die das Objekt miteinbeziehen, liegt der Fokus ihrer Arbeiten auf Untersuchungen der Beziehungsstrukturen zwischen Experten und Wissensobjekten (1998b: 95). Ihrer Meinung nach stellen Objektwelten Einbettungswelten für die Durchführung von Expertenarbeit dar und konstituieren damit so etwas wie emotionale „Heimaten“ für das Experten-Selbst (ebd.).

Eine externe Betrachtungsweise von Wissen und Expertise (1998b: 112) kann ihr dabei nicht genügen. Diese betrachtet den Wissensbereich lediglich von außen, Gegenstände werden als kognitive Produkte wahrgenommen und der Wissensbegriff wird nicht genau genug untersucht. Meist wird Wissen, so Karin Knorr Cetina, mit Theorie gleichgesetzt und als abstraktes System dargestellt. „Wenn das Selbst in diesen Szenarien überhaupt mitgedacht wird, dann erscheint es negativ beeinflusst.“ (1998b: 113) Diese negative Beeinflussung bedeutet, dass das „Selbst“ als eines dargestellt wird, das sich immer mehr durch eine technisierte Produktion und eine technisch veränderte Umwelt entfremdet, das durch die Komplexität einer Wissensgesellschaft überfordert wird und das durch die widersprüchlichen wissenschaftlichen Ergebnisse und die Unsicherheiten der Wissenschaft nicht mehr

---

[23] Knorr Cetina bezieht sich, um den Begriff „Wissensgesellschaft“ zu begründen auf Berger und seine Ausführungen über die technologische Gesellschaft, auf Lyotard und Beninger und ihre Darstellung der Informationsgesellschaft und auf Bell, Drucker und Stehr und deren Auseinandersetzung mit der Wissensgesellschaft. Auch verweist sie auf Beck und seine Darstellungen einer Risikogesellschaft und experimentellen Gesellschaft. (Knorr Cetina, 2002: 15)

über die Kontrolle verfügt, die es sich von ihnen erhofft hat. (1998a: 113) Aber diese negative Darstellungsweise möchte sie überwinden und in eine positive transformieren.

Damit ihr Unternehmen, eine sozusagen interne Untersuchung der Wissensprozesse, gelingen kann, benötigt sie einen Ort, an dem sie ihre Feldforschung betreiben kann. Diesen Ort findet sie im Labor, dem Ort des naturwissenschaftlichen Denkens. (1998a: 104)

2.1. Die Bedeutung der Laborwissenschaften

„Für das Experten-Selbst stellt das Labor eine Einbettungswelt dar" (1998b: 114):

> Das wissenschaftliche Labor ist nicht nur der physische Ort, an dem Experimente durchgeführt werden. Laboratorien können vielmehr mit der Idee einer Rekonfiguration natürlicher und sozialer Ordnungen und ihrer Relation zueinander verbunden werden, aus der in einer Wissenschaft epistemischer Gewinn erzielt werden kann. (2002: 45)

Laboratorien verkörpern eine gesteigerte Umwelt, „in der natürliche Ordnungen in Relation zu sozialen Ordnungen im Hinblick auf die anstehenden Anliegen ´verbessert` erscheinen."(ebd.) Diese gesteigerte Umwelt entsteht, da in den Laboratorien selten mit „naturbelassenen" Objekten, sondern vielmehr „mit Objektzeichen, mit ihren physiologischen, chemischen, elektrischen u.a. Komponenten, mit ihren Extrakten und ´gereinigten` Versionen" (45/46) gearbeitet wird.

Diese Verschiebung von den Objekten „in der Natur" zu Objekten im Labor hat, nach Knorr Cetina, drei Konsequenzen. Erstens müssen die Objekte nicht so genommen werden, wie sie sind oder wie sie in der „Natur" vorgefunden wurden, zweitens muss einem Naturobjekt nicht dort entgegentreten werden, wo es vorkommt und drittens muss man sich mit dem Ereignis nicht dann beschäftigen, wann es passiert (46). Somit erlauben Laboratorien es, Naturprozesse „ins Haus" zu holen „und sie dort den Bedingungen der lokalen Ordnung zu unterwerfen. Die Macht von Laboratorien – und ihre Beschränkungen – entspringt aus dieser ´Kultivierung` von Naturobjekten." (1998a: 104/105) Damit handelt es sich bei Laboratorien um einen „durch und durch artifiziellen Raum" (105), einen Raum, in dem die Objekte neu gestaltet und neuen Bedingungen unterworfen werden. Diese Räume, in denen die soziale Ordnung mit der natürlichen Ordnung verbunden wird und dadurch eine neue, transformierte Ordnung entsteht, können neue Kulturen, Knorr Cetina wird sie epistemische Kulturen nennen, für eine Wissensgesellschaft[24] generieren.

Diese unterschiedlichen Kulturen sieht sie in Abhängigkeit von der experimentellen Anordnung im Labor. Anhand der verschiedenen Arten von Experimenten, die in den Laboratorien durchgeführt werden, teilt sie diese in drei Gruppen ein: Laboratorien, „die realzeitliche Ereignisse simulieren" (2002: 53), die Objekte als Prozessiermaterial konstruieren und damit intervenieren und Laboratorien, die Objekte als Zeichen konstituieren und dann interpretieren. Von diesen leitet sie anschließend die Wissenskulturen ab.

2.1.1. Drei unterschiedliche Labortypen

Bereits (1992) in ihrem Essay: "The Couch, the Cathedral, and the Laboratory: On the Relationship between Experiment and Laboratory in Science" zeigt Karin Knorr Cetina, wie sie sich diese Unterteilung vorstellt. In ihrem Buch "Wissenskulturen" (2002) nimmt sie diese Unterteilung wieder auf, stellt sie allerdings in einen neuen Kontext. Sie bezieht sich dabei auf Hackings Ausführungen in „Representing and Intervening", erweitert diese aber.

Sie kann drei unterschiedliche Typen von Experimenten ausmachen, die dann die Laborkulturen fundieren. Als erste Gruppe sollen die „Experiments (almost) without laboratory: constructing objects as representations" (1992: 123) oder „Experimente (fast) ohne Laboratorien: Objekte, die realzeitliche Ereignisse simulieren" (2002: 53) vorgestellt werden[25].

Wie Knorr Cetinas deutsche und englische Überschriften bereits aussagen, arbeitet diese Form der Experimente mit der Repräsentations-, Simulations- oder Korrespondenz technologie. Sie inszeniert die Handlung[26], versucht Originalsituationen nachzustellen. Vorgegebene, genau beobachtete und untersuchte Vorgänge in der „Realität" des alltäglichen Lebens werden erfasst, aufgezeichnet und verarbeitet. Ziel dieser Laboratorien ist es in mög-

---

[24] vgl. Knorr Cetina (2002: 15)
[25] Beispiele hierfür sind: Kriegsspiele im Sandkasten, die Weiterentwicklung davon durch preußische Generäle, Experimente in den Sozialwissenschaften oder Computersimulationen (Knorr Cetina, 2002: 54 ff)
[26] Auf die Experimente bezogen formuliert Knorr Cetina dies folgendermaßen : „they *represent* the action", (1992: 124)

lichst getreuer Weise das „natürliche" Objekt wiederzugeben. Sie entwerfen eine Darstellungsmöglichkeit, die den realzeitlichen Prozess abbildet, simuliert.[27]

Das Labor wird zur virtuellen Einrichtung, „die in fast allen Hinsichten mit dem Experiment zusammenfällt" (55). Da allerdings eine Zielpopulation ausgesucht werden muss und die Parameter, unter welchen diese Zielpopulation betrachtet werden soll, vereinbart werden müssen, legt diese Form des Experiments bereits im Vorfeld seine Selektionskriterien fest.

Auch legt es fest, wie und mit welchen Mitteln diese alltäglichen Gegebenheiten nachgebildet werden sollen. Von daher muss nach Repräsentationsmöglichkeiten gesucht werden, die das realzeitliche Geschehen so darstellen können, dass ein möglichst geringer Bruch zwischen diesem Geschehen und der Darstellung entsteht. Dass genau an dieser Stelle ein besonders großer Transformationsprozess stattfinden kann, macht die Computersimulation, als eine mögliche Form dieser Darstellung, deutlich. Obwohl diese Form des Experiments für sich in Anspruch nimmt, die realen Bedingungen „wirklichkeitsgetreu" nachstellen zu können, bleibt dennoch eine mehr oder weniger große Diskrepanz zwischen der „Realität" und der Simulation bzw. der Repräsentation.

> Die entsprechende Forschung ist sich dieser potentiellen Fehlerquelle natürlich bewusst. Daher wird entsprechende Sorgfalt darauf verwendet, das Experiment so anzulegen, dass die nachgeahmte Realität realzeitlichen Prozessen so nahe wie möglich kommt. Anders ausgedrückt, man entwickelt und verwendet eine *Korrespondenztechnologie*, d.h. ein System von Sicherstellungen, durch welche die entsprechende Korrespondenz mit dem realzeitlichen Geschehen garantiert und überwacht werden soll. Das System basiert auf der Theorie der *Nichtintervention*. (Knorr Cetina, 2002: 55)

Um beweisen zu können, dass die „Realität" tatsächlich in der Darstellung abgebildet wird, werden einerseits Kontrollmechanismen installiert, die dies garantieren sollen. Diese sollen die Korrespondenz der zwei Seiten überwachen und gegebenenfalls die Transformationsprozesse offen legen. Andererseits muss aber, will man mit der Korrespondenz- bzw. Simulationstechnologie arbeiten, eine Theorie der Nichtintervention angenommen werden, ansonsten würde ein anderer Experimenttyp[28], eine Typ der die Theorie der Intervention zulässt, vorliegen.

---

[27] vgl. Knorr Cetina (2002: 55/56)

[28] So könnte hier ein Experimenttyp der zweiten Gruppe vorliegen, der ja gerade auf der Theorie der Intervention basiert. Es könnte allerdings auch ein Typ vorliegen, der zwei oder drei, der von Karin Knorr Cetina vorgestellten Gruppen, kombiniert.

Als zweite Gruppe stellt Karin Knorr Cetina unter der Überschrift: „Laboratories come of age: the construal of objects as processing materials" (1992: 125) Experimente[29] vor, die gezielt nicht mehr mit „natürlichen" Objekten arbeiten. Auch bei diesen Experimenten wird das Forschungsobjekt im Vorfeld sehr genau beobachtet. Anschließend wird aber davon ausgegangen, da für die Experimentiertätigkeit nur bestimmte Teile der „natürlichen" Objekte von Bedeutung sind, dass diese Objekte „teilbare Entitäten" sind, „aus denen Effekte bei geeigneter Behandlung extrahiert werden können" (2002: 57). Das Forschungsinteresse dieses Labortyps liegt nicht mehr auf der Untersuchung der realzeitlichen Prozesse. Lediglich einzelne Bestandteile oder Effekte, die vorher isoliert wurden, sollen untersucht und weiterverarbeitet werden. Damit emanzipieren sich diese Laboratorien[30] von der „Natur". Sie werden eigenständige technisierte „Produktionsstätten" (58) und arbeiten mit Prozessiermaterialen oder Objektzuständen[31], die „als vorübergehende Fixpunkte, in einer Serie von Transformationen"[32] fungieren.

Nicht mehr die Technologie der Korrespondenz, der Repräsentation oder Simulation spielt hier eine Rolle, sondern die Technologie der Intervention (57), des gezielten Eingriffs, der Manipulation. Vor allen Dingen sind die Laboratorien der Molekularbiologie Laboratorien solchen Typs: „experimentelle Tätigkeiten werden an Arbeitsbänken durchgeführt, auf denen Proben und Exemplare manipuliert [...] werden." (ebd.) Um die Arbeit an den Objekten in diesen Laboratorien besser darstellen zu können, differenziert Karin Knorr Cetina zwischen zwei Stufen dieser Tätigkeiten. Die eine Stufe umfasst die Arbeitsvorgänge, die das gesamte Labor betreffen, die andere die experimentelle Vorgehensweise selbst.

[29] Oder: Knorr Cetina (2002: 56): „Laboratorien emanzipieren sich : die Konstruktion von Objekten als Prozessiermaterialien" Wie im Titel ihres Essays von 1992 benannt, bezieht sie sich bei diesem Experimenttyp auf die Kathedralen im 12. und 13. Jahrhundert. Auf Seite 125 dieses Essays schreibt sie zu diesen Kathedralen: „ [...] that were modeled upon earlier, smaller churches."

[30] Unter diese Gruppe der Laboratorien fallen auch die von Amann in seinem Essay: „Menschen, Mäuse und Fliegen. Eine wissenssoziologische Analyse der Transformation von Organismen in epistemische Objekte" vorgestellten Laboratops.

[31] Objekte werden „massiven Transformationen" unterzogen: „Sie werden in Fragmente zerschlagen, in Gase verdunstet, in Säuren aufgelöst, zu Extraktionen reduziert, über Säulen geleitet, [...] sie werden aufgeschnitten, um Teile und Gewebe zu extrahieren, gewogen, gewaschen, kontrolliert, superovoliert, vasektomisiert und gepaart. Sie werden narkotisiert und operiert, sie werden getötet, in Sektionen geschnitten und ebenso eingefroren." (Knorr Cetina, 2002: 128)

[32] vgl. Knorr Cetina (2002: 57). Als Beispiel dieser Transformationsreihe kann Donna Haraways, 1997, Krebsmaus dienen. Um die Problematik des Brustkrebses besser untersuchen zu können, werden Mäuse genetisch so modifiziert, dass sie Brustkrebs bekommen. Das „natürliche" Objekt „Maus" wird zum künstlichen, intervenierten Objekt „Krebsmaus". Für den Forschungsbetrieb muss dieses immer wieder neu hergestellt werden, da es sich selbst nicht reproduzieren kann.

Auf der einen Stufe sind die Forschenden damit beschäftigt, „das Gesamtlabor als gut ausgerüstete und gut ausgestattete Vorratsstätte für Werkzeuge und Ressourcen einzurichten und aufrechtzuerhalten. Die entsprechenden Instrumente und Ressourcen stellen das Kapital dar, ohne das ein Laboratorium seine Stellung in einem Wissenschaftsgebiet nicht aufrechterhalten kann." (127) Damit wird ein großer Teil der Zeit für die Reproduktion dieses Kapitals[33] verwendet. Eine wichtige Rolle für diese Form der Tätigkeit spielen die Laboratoriumsprotokolle (129), die sicherstellen, dass bestimmte Standards eingehalten und Ergebnisse zusammengefasst werden können. Zudem kann mit Hilfe dieser Protokolle ein Teil des Kapitals in andere Laboratorien transferiert werden.

Die zweite Stufe, die experimentelle Tätigkeit selbst, sieht Karin Knorr Cetina stark in Abhängigkeit mit der Anwesenheit und damit mit dem Körper des Forschenden bzw. mit dessen Erfahrungsschemata (138 ff). Da bei den Arbeiten in den Laboratorien der Molekularbiologie empirische Vorgehensweisen im Vordergrund stehen, muss der Forschende über eine besondere Geschicklichkeit im experimentellen Vorgehen verfügen. Obwohl in vielen anderen Forschungsgebieten genau dieser Gesichtspunkt mit Hilfe von Messinstrumenten ausgeschaltet werden soll, spielt der „blackboxierte" Körper des Forschers (138) in den Laboratorien der Molekularbiologie eine besonders große Rolle. Man muss sich in die Situation begeben, den face-to-face Kontakt und die Inspektionen suchen, um zu den Ergebnissen zu gelangen, zu denen man gelangen möchte:

> Um zu wissen, was man denken sollte, musste man sich zuerst in die relevante Situation begeben. Dem Körper wurde zugetraut, das aufzunehmen und zu verarbeiten, was der Verstand nicht antizipieren konnte. Wissenschaftler, die so argumentieren, geben bei der cartesianischen Unterscheidung zwischen Körper und Geist für gegebene Zwecke dem Körper Priorität. (142)

Der Körper des Forschenden wird als Informationsverarbeitungsinstrument zu einem „epistemologischen Garant für Wahrheit" (143). Die sensorischen Fähigkeiten, die in den Körper eingeschriebene Erfahrung, das inkorporierte Wissen, all dies trägt dazu bei, dass zum einen im Experiment optimal gearbeitet werden kann, zum anderen, dass Ergebnisse bestmöglich interpretiert werden können. Im Umkehrschluss wird es zu einem Problem, Resultate zu verbreiten, bei denen man selbst nicht anwesend war (ebd.), da man die Bedingungen, unter denen diese zustande gekommen sind, nicht im vollen Umfang kennt.

---

[33] „Sie präparieren Plasmide und Nährlösungen, sie züchten Zelllinien, bestellen Chemikalien, sorgen für den Enzymvorrat [...]. Das Labor ist auf dieser Ebene sowohl eine Werkstatt als auch eine Pflanzen- und Tierzucht; ein Ort, an dem verschiedene pflanzliche und tierische Materialien gezüchtet, genährt und für die experimentelle Weiterverarbeitung präpariert werden." (Knorr Cetina, 2002: 127)

Den in der Literatur verwendeten Begriff für diese verkörperte Informationsverarbeitung „tacit knowledge“ lehnt Karin Knorr Cetina ab, da sich dieser ihrer Interpretation nach von der Vorstellung eines denkenden Erkenntnisträgers ableitet und sich auf dessen nicht artikuliertes Wissen bezieht (144). Doch ihr schien es in der Molekularbiologie so, dass „sich Forschende eher als Ensemble von Sinnesorganen, Gedächtnisorganen und Manipulationsroutinen“ verstehen, „in die Intelligenz eingeschrieben ist“ (ebd.). Sie behandelten sich mehr als „intelligente Materialien denn als stumme Denkmaschinen“ (ebd.).

Die dritte und damit letzte Gruppe der Laboratorien, die Karin Knorr Cetina vorstellt, sind die "Laboratories vs. experiments: when objects are signs“ (1992: 129). Diese arbeiten weder mit „natürlichen“ Objekten, noch mit manipulierten, sondern ihr Forschungsfokus liegt auf den Zeichen, in denen sich ihre zu untersuchenden Objekte konstituieren.

Karin Knorr Cetina veranschaulicht diese Form des Experiments an Freuds Couch und der Vorgehensweise der Psychoanalyse: Der Patient liegt auf einer Couch, der Analytiker sitzt hinter ihm, so dass dieser ihn nicht sehen kann. Der Patient soll aus seiner Alltagssituation herausgelöst werden, um in einer neuen, speziellen Umwelt, ähnlich einer Laborsituation, befragt werden zu können. „Das Ritual in der Praxis und die durchgeführte Befragung produzieren Zeichen. Wenn Analytiker Assoziationen evozieren und interpretieren, dann *rekonstruieren sie den Sinn und den Ursprung der entsprechenden Zeichen.*“ (2002: 61) Diese Zeichen haben letztendlich keine direkte Verbindung mehr zu realzeitlichen Prozessen, sondern setzen voraus, dass der Psychoanalytiker oder Forscher über Interpretationsmöglichkeiten dieser Zeichen verfügt.

Diese Beschreibung des Experiments zeigt besonders deutlich, dass Peirces Untersuchungen[34] über die Zeichen und die wissenschaftliche Methode, wie oben beschrieben, Bedeutung für diese Form des Forschungsprozesses besitzen. Mit Hilfe einer standardisierten Methode, einer anerkannten wissenschaftlichen Methode werden einerseits diese Zeichen hergestellt, andererseits werden sie mit Hilfe dieser interpretiert. Nur eine vorgängige Verständigung und Vereinheitlichung dieser Methode kann garantieren, dass anerkannte Forschungsergebnisse erzielt werden können. Anders formuliert: liegt eine solche Möglich-

[34] vgl. hierzu auch Knorr Cetina (2002: 122): „Betrachten wir noch einen Augenblick diese Zeichenprozesse. Gemäß allgemeiner semiotischer Theorien ist unsere Welt eine Welt von Zeichen. Peirce dachte, er könne für die Logik des Universums, die Logik des Lebens und die Logik der Sprache einen gemeinsamen Nenner definieren, der aus semiotischen Relationen besteht. [...] Der genetische Code beispielsweise wird von einigen Semiotikern als fundamentalstes aller semiotischer Netzwerke angesehen.“

keit der Zeichenherstellung und –interpretation nicht vor, dann kann man zu keinen in der scientific community verhandelbaren Ergebnisse gelangen.

Die Besonderheit der „modernen“ Laborwissenschaften besteht darin, dass die meisten von ihnen auf einer Mischung der verschiedenen Experimentiertechniken beruhen. Dafür liefern die Collider-Experimente am CERN, die von Karin Knorr Cetina beobachtet wurden, ein gutes Beispiel.

2.1.2. Das CERN

Im Detektor des CERN werden Teilchenkollisionen produziert:

> Detektoren werden von den bei der Kollisionen generierten Teilchen „getroffen“. Sie registrieren die Spuren dieser Teilchen und übertragen die Signale ihrer kurzen Präsenz. Die „Ernte“ eines Detektors besteht aus diesen Signalen (z.B. Energieablagerungen und Teilchenspuren). Die Signale werden offline durch Computerprogramme in geeigneter Weise weiterverarbeitet; sie werden gemäß dem unterliegenden realzeitlichen Teilchengeschehen sowie den Eigenschaften der Ereignisse rekonstruiert und interpretiert. (2002: 30)

Der Detektor mit seinen Teilchenkollisionen beschäftigt sich nicht mehr mit „natürlichen Objekten“. Er und die Experimente mit ihm sind im Verlaufe der Entwicklung der Hochenergiephysik nach langen Beobachtungen der Physiker und Physikerinnen entworfen worden. Das Energievolumen und die subatomaren Aktivitäten des entstehenden Universums sollen im Labor hergestellt und damit untersuchbar und weiterverarbeitbar gemacht werden[35]. Dazu werden in der experimentellen Anordnung Zeichen produziert, die als „Spuren oder 'Unterschriften` von Ereignissen“ (62) die experimentelle Strategie bestimmen. Das Teilchengeschehen, die Kollisionen, die Spuren oder Inskriptionen werden realzeitlich über Computerprogramme aufgezeichnet.

Nach der Aufzeichnung durch den Computer werden die Zeichen verarbeitet und aus ihnen werden die Eigenschaften und Ereignisse der Teilchenkollisionen im Detektor rekonstruiert und interpretiert. Die Messungen, die sich aus diesem Experiment ergeben, sind nicht, wie bei vielen anderen Messapparaturen, Endurteile. Karin Knorr Cetina nennt hier die Uhr[36]

---

[35] vgl. Knorr Cetina (2002: 62)

[36] Peter Janich dürfte wohl dieser Darstellung die Zeitmessung mit Hilfe der Uhr widersprechen (1997: 131 ff). Er stellt die Frage: „Was messen Uhren?“ und schreibt weiter: „Uhren einer Ganggenauigkeit, die zur Jahrhundertwende nicht für die besten naturwissenschaftlichen Forschungen zur Verfügung stand, sind uns heute im Alltagsleben als billige Massenprodukte vertraut. Im Kontrast zum geläufigen Umgang mit verlässlicher Technik ist die Frage nach einer klaren Definition der gemessenen Zeit praktisch offengeblieben. Der

als Gegenbeispiel. Sie sind eher „durch ihre Unvollkommenheit und Mangelhaftigkeit definiert als durch diese Beweis- und Urteilfunktionen,“ (82) denn gemessen werden können keine endgültigen Zahlen, „sondern Positionen in einer Struktur von Relationen, in die andere Positionen eingefügt werden müssen, bevor das Ganze sinnvoll und nützlich wird.“ (84)

Die Messdaten, die die Physiker und Physikerinnen bei den Experimenten im CERN erhalten, sind keine endgültigen Zahlen. Sie sind rein experimentelle Zahlen (83), da sie außerhalb des Experiments und ohne Beziehung zu der experimentellen Anordnung und dem spezifischen Detektor, nicht jeder Detektor ist gleich, nicht mit anderen Ergebnissen verglichen werden können. Sie erhalten nur deswegen Bedeutung im Forschungsprozess, da gerade nicht der experimentelle Wert als Wert interessiert, sondern „das theoretische Verhältnis in Relation zum experimentellen Verhältnis für eine gegebene Detektorkonfiguration.“ (ebd.)

Diese experimentellen Zahlen sind damit eben nicht solche Zahlen, die mit anderen Ergebnissen von anderen Detektoren oder anderen Forschungseinrichtungen verglichen werden können, sondern man kann nur dann zu Ergebnissen mit ihnen gelangen, wenn sie als Teilkomponente und Stufe in ein Gesamtgeschehen eingebettet werden können, folglich, wenn sie in Interaktion mit anderen Elementen und Gegebenheiten des Experiments treten (84).

Will man nun diesen Sinn durch das Gesamtgeschehen herstellen, folglich über die Experimente und Messungen Energie- und Teilchenbahnen rekonstruieren, kann dies in dieser experimentellen Anordnung nur dann erfolgen, wenn der Detektor und alle anderen Komponenten der Messmaschinerie genau bekannt sind. Um diese Prozesse zu verstehen, müssen sich die Wissenschaftler mit ihren eigenen internen Produktionszirkeln und Prozessen sehr genau auseinandersetzen (85). Von daher ist es nicht verwunderlich, wenn in diesen, von Karin Knorr Cetina untersuchten Experimenten, „wesentlich mehr Zeit auf den Entwurf, den Bau und die Installation der eigenen Komponenten und der genauen Erforschung aller Aspekte ihres Funktionierens“ aufgewandt wurde als auf die Datennahme und Datenbehandlung. (ebd.)

---

naheliegende Definitionsschritt, zu sagen, Zeit sei, was Uhren messen, verschiebt diese Aufgabe auf eine Definition der Uhr.“

Um diese Prozesse, die eigenen internen Produktionszirkel und damit die Vorgehensweise im Experiment, besser verstehen zu können, muss bei dieser Form des Experimentierens im CERN der Verstehensprozess weg vom Objekt hin zum Selbst der Forschergruppe geleitet werden.

> Um es mit Foucault (1986) auszudrücken, sie[37] ersetzen die Sorge um Objekte mit der *Sorge um sich.* Mit der Sorge um sich ist das Erkenntnisinteresse gemeint, *die eigenen experimentellen Komponenten und Prozesse zu beobachten, zu kontrollieren, zu verstehen und zu verbessern.* Konfrontiert mit der Unmöglichkeit, die Objekte, an denen man interessiert ist, direkt zugänglich zu machen, gefangen in einer Welt von Erscheinungen und verpflichtet auf die eigenen liminalen Strategien[38] [...], stellt die beobachtete Hochenergiephysik über lange Strecken des Experiments hinweg von der Analyse der Objekte auf die Analyse des Selbst um. (85)

Diese Hinwendung zum Selbst sieht Karin Knorr Cetina in einer Struktur, die sie nach Foucault als „Struktur der Sorge um sich" bezeichnet. Sie umfasst nicht nur den oben beschriebenen Zeitaufwand für die Auseinandersetzung mit den eigenen Produktionszirkeln, sondern Karin Knorr Cetina gliedert sie in drei Teile auf: das Selbstverstehen, die Selbstbeobachtung und die Selbstbeschreibung (91).

Die Struktur des Selbstverstehens äußert sich dahingehend, dass der Forscher lernen muss zu verstehen, wie und warum der Detektor so reagiert, wie er reagiert. Hierfür muss er sich damit beschäftigen, wie die Kalibrierung funktioniert und was dies für den weiteren Prozess bedeutet.

Die Auseinandersetzung mit der Kalibrierung kann besonders gut veranschaulichen, auf was sich der Forscher einlassen muss, wenn er das Verhalten des Detektors verstehen möchte. Denn es müssen bei der Kalibrierung einerseits langfristige Alterungsprozesse durch den natürlichen Alterungsprozess des Detektors über die Zeit eingerechnet werden, andererseits müssen Alterungsprozesse, die durch Schäden, die durch ionisierende Strahlen verursacht wurden, berücksichtigt werden. Hinzu kommt, dass auch kurzfristige Instabilitäten, die im Forschungsprozess immer wieder auftreten, in den Verstehensprozess miteinbezogen werden müssen (87).

---

[37] die Forscher

[38] Den Begriff: „liminale Strategie" leitet Karin Knorr Cetina von dem lateinischen Begriff: „Limen", „Schwelle" ab. Mit Hilfe dieser Strategie sollen die Grenzen des Wissens aufgedeckt werden. Ist man sich dieser Grenzen bewusst, dann kann mit ihnen produktiv umgegangen werden. Dabei wird eine Art negatives Wissen kultiviert. „Negatives Wissen ist nicht Nichtwissen, sondern Wissen über die Grenzen des Wissens, über die Fehler, die bei den verschiedenen Wissensbestrebungen gemacht werden, über die Dinge, die diesem Wissen entgegenstehen und es verhindern, über dasjenige, an dem wir nicht interessiert sind und das wir nicht wirklich wissen wollen." (2002: 94)

Der zweite Bestandteil dieser „Struktur der Sorge um sich“ ist die Selbstbeobachtung. Man muss wissen, was man tut. Hierzu werden diverse Systeme installiert, um vor allen Dingen die Online- und Offline- Überwachung, aber auch die Überwachung dieser Überwachung zu gewährleisten:

> Ebenso wurden spezielle „Ereignisdarstellungs“- Programme und Computer eingesetzt, „um zu sehen, was dein Experiment da draußen eigentlich macht, ob es macht, was du ihm gesagt hast, und ob du vielleicht, als du ihm sagtest, in Wirklichkeit etwas anderes meintest“. (92)

Das „Selbstverstehen“ und die „Selbstbeobachtung“ fließen in die „Selbstbeschreibung“ ein, den dritten Teil der „Struktur der Sorge um sich“. Zu dieser Selbstbeschreibung können nicht nur die üblichen Protokolle gerechnet werden, sondern auch viele andere Formen der elektronischen Aufzeichnung. Über diese Aufzeichnungen wird ein Zugang zu allen Korrekturen und Veränderungen des Produktionsprogramms ermöglicht. Die einzelnen Schritte mit ihren Erfolgen und Misserfolgen, die gegangen wurden, können genau zurückverfolgt werden. Eine Geschichte des Experiments wird generiert (ebd.).

Sieht man sich nun die Zuschreibungen auf der Seite des Detektors an, dann werden ihm nicht nur physiologische Eigenschaften zugesprochen. Ein Computer kann nun nicht nur altern und krank werden, sondern er wird innerhalb der Forschergemeinschaft durchaus zu einem Träger von Handlung. Wird er als Sehinstrument angesehen, dann beinhaltet das Vokabular der Physiker und Physikerinnen, mit dem sie über ihn sprechen, durchaus Formulierungen wie: er „sieht“, oder er „sieht nicht“. Er „sieht hin“, „beobachtet“ oder er „sieht weg“; man sagte auch, er war „blind“, „sensitiv“ oder „insensitiv“ (167). Auch wird er durchaus als moralisches Individuum aufgefasst, da er sich gut oder schlecht benehmen kann, man ihm vertraut[39] oder misstraut und ihn für bestimmte Leistungen verantwortlich macht.

Betrachtet man ihn in seiner Kontrollfunktion und in der Konsultation, Kommunikation und Kooperation mit anderen Detektoren, dann kann ihm sogar eine soziale Wesensart zugesprochen werden (173).

---

[39]Diese Vertrauensprozesse sind wichtige Bestandteile der wissenschaftlichen Arbeit. Karin Knorr Cetina (2002) beschreibt diese in ihrem Kapitel mit der Überschrift: „Vertrauenstaxonomien“ – „Eine Antwort der untersuchten Physiker bestand im Rückgriff auf *Vertrauen*, auf dem sie einen Großteil der relevanten Interaktion aufbauten.“ (185)

Die Physiker und Physikerinnen hingegen werden nicht mehr als Einzelindividuen angesehen, sie verlieren sozusagen ihre Individualität, werden zu Symbionten des Detektors und zusammen mit diesem kategorisiert und identifiziert.

> Individuen „leben“ mit diesen Objekten, werden mit ihnen identifiziert und identifizieren sich mit ihnen in einem Umfang, der schließlich dazu führt, dass sie immer in Relation zu den entsprechenden Objekten perzipiert werden. [...] Die Qualität von Objekten verweist immer wieder auf die Qualität von Subjekten und umgekehrt in Zirkeln wechselseitiger Attribution, in denen kein Ursprung ausgemacht werden kann. (183)

Haben Physiker und Physikerinnen über sich und ihre Kollegen und Kolleginnen nur sehr wenig zu sagen, dann können sie sich umso besser über ihre Experimente und Laboratorien mit ihren Detektoren identifizieren und klassifizieren. Sie leben mit ihren technischen Komponenten in enger Assoziation und Symbiose zusammen und erhalten aus dieser Symbiose „ihre Stärke, ihre Identität, ihren Expertenstatus, die Aufmerksamkeit, die sie von anderen bekommen, ihre Position und ihren Lebenszweck.“ (184)

2.1.3. Von den epistemischen Kulturen zum epistemischen Objekt

Vergleicht man die Laboratorien unterschiedlichen Typs, wie zum Beispiel die der Molekularbiologie und die der Hochenergiephysik, dann stellt man fest, dass sie sich nicht nur hinsichtlich ihrer Vorgehensweise im Experiment unterscheiden, ihrer Auseinandersetzung mit den Objekten, sondern sie arbeiten auch in Kooperationen, die unterschiedlich eng und verschieden groß sind, zusammen.

Die Laboratorien der Molekularbiologie, die Karin Knorr Cetina erforschte, sind, wie oben gezeigt, Arbeitsbanklaboratorien. Sie sind der Tendenz nach klein und „die Arbeit zerfällt in der Regel in so viele Projekte, wie Forscher im Labor vorhanden sind.“ (33) Kooperationen innerhalb des Labors und mit anderen Laboratorien[40] bestehen nur selten.

Das CERN, das Labor der Hochenergiephysik, hingegen ist deutlich größer. Im Verlaufe der Beobachtungszeit von Karin Knorr Cetina und ihren Mitarbeitern wuchs es auf mehr als 1500 Physiker aus weltweit 150 und mehr physikalischen Instituten (33) an. Die Kooperation unter den Physikern und anderen Mitarbeitern im Labor ist groß und auch eine starke Vernetzung mit anderen Instituten konnte beobachtet werden[41].

---

[40] vgl. Knorr Cetina (2002: 323): „Die 'Unmöglichkeit' von Kooperation in molekularbiologischen Laboratorien“

[41] vgl. Knorr Cetina (2002: 227 ff): „Die posttraditionalen globalen Gemeinschaften der Hochenergiephysik”

Aufgrund ihrer Analyse, die Karin Knorr Cetina dazu veranlasst, die Laboratorien in drei Gruppen zu gliedern, und ihrer empirischen Untersuchungen über die Laboratorien der Molekularbiologie und des CERN, kann sie die Aussage bestätigen, dass es nicht nur *eine* wissenschaftliche Methode, *eine* Art des Wissens und nur *eine* Wissenschaft gibt[42]. Ihre Untersuchungsergebnisse weisen darauf hin, dass deutliche Unterschiede in den Laboratorien festzustellen sind, die zu einer unterschiedlichen Vergemeinschaftung und Kollaboration führen. Aus diesen Beobachtungen zieht sie den Schluss, dass es unterschiedliche Wissenskulturen, die sogenannten epistemischen Kulturen gibt.

Ist es ihr Anliegen in ihrem Buch: „Wissenskulturen" die Differenz innerhalb der naturwissenschaftlichen Wissensformen aufzudecken und ihre These, dass es unterschiedliche epistemische Kulturen gibt, zu bestätigen, dann liegt das Erkenntnisinteresse in ihrem Essay: „Sozialität mit Objekten", darin, zu zeigen, dass es dennoch Gemeinsamkeiten gibt. Richtet man den Fokus auf den Umgang des Experten, des naturwissenschaftlichen Forschers mit den Objekten, dann können Parallelen in den Laboratorien[43] sichtbar gemacht werden. Um dies besser darstellen zu können, führt sie die Unterscheidung von Rheinberger[44] zwischen „epistemischen" und „technischen Dingen" ein.

---

[42]vgl. Knorr Cetina (2002: 13), damit setzt sie sich sehr deutlich gegen die Aussagen des Wiener Kreises ab, die eine Einheitswissenschaft proklamierten.

[43] Auch folgende Textpassage aus ihrem Essay „Die Manufaktur der Natur" könnte man für eine Parallelführung der Laboratorien nutzen: „Das Labor im Labor, die Laboratorisierung durch und durch, ist eine Metapher [...] für die Arrangierung immer neuer im Vergleich zur Natur alterierter Objektwelten, in denen der Wille zum Wissen sich einnisten kann." (117) Untersucht werden müsste dann, ob dieser „Wille zum Wissen" in allen Labortypen gleichermaßen vorhanden ist.

[44]Indem Karin Knorr Cetina diesen weiten Begriff der technischen Dinge von Rheinberger übernimmt, setzt sie sich deutlich gegenüber anderen Arbeiten ab. So dürften genau an dieser Stelle auch diverse Kritiken, wie die zum Beispiel von Joerges, angreifbar sein, da diese von einem anderen Objektbegriff ausgehen. So definiert Joerges (1996) technische Dinge als harte Sachen folgendermaßen: „Was ist gemeint mit *Sachen*? Kurz gesagt das Harte, das Greifbare, das, was uns anschaulichen Widerstand entgegensetzt, die von uns unterschiedene materielle Welt" (15). Später (270 ff) kritisiert er dann Knorr Cetina und Latour. Doch zu Beginn seiner Arbeit (8) muss er zugeben, dass sein Versuch ein „Verzeichnis der fassbaren Dinge" daran scheiterte, dass „die Dinge sich nur schwer als das Andere des Sozialen fassen lassen", denn: „Ist eine Autobahn eine Sache? Schon, aber ein Autobahnnetz?" Kann dann seine Kritik noch greifen? Oder sprechen beide Gruppen letztendlich von unterschiedlichen „Sachen"? – Jedenfalls sprechen sie von einem unterschiedlichen Umgang mit Sachen, denn Joerges (1979) zeigt, dass er davon ausgeht, dass „Sachen" unsere Alltagserfahrung dominieren (126). Er fordert eine Soziologie der Sachverhältnisse, die „zu einem besseren Verständnis epochaler Verhaltensänderungen und Verhaltenskrisen" beitragen könnte (126). Als Konsequenzen daraus könnten sich dann seiner Meinung nach alternative Sachverhältnisse ergeben, die auch zu einer Humanisierung unseres Umgangs mit den „Sachen" führen könnten (126). Allerdings zeigt sein Beispiel, das Beispiel der Prinzessin auf der Erbse deutlich, dass er, wie schon erwähnt, von einer Dominanz der „Sachen" ausgeht, dass die Konfrontation mit der Widerständigkeit der „Sachen" ein Verhalten provoziert, das erst in dieser materiellen Form der Auseinandersetzung für die Identität der Subjekte Bedeutung erlangt, denn „Die Fähigkeit der Prinzessin, die Erbse wahrzunehmen und verhaltensrelevant werden zu lassen, machte sie zu einer wirklichen Prinzessin." (137) – Von daher müssen seine Sachen, anders als bei Karin Knorr Cetina, harte, greifbare Gegenstände sein.

2.2. Die Objekte in den Laboratorien

Die „technischen Dinge“ werden benötigt, um eine stabile Umgebung herzustellen, um in einen Prozess „des operationalen Umdefinierens“, den Prozess des Bestimmens eines epistemischen Dinges, eintreten zu können.

> Zu den technischen Dingen gehören Instrumente, Aufzeichnungsapparturen und [...] standardisierte Modellorganismen mitsamt den in ihnen sozusagen verknöcherten Wissensbeständen. Die technischen Bedingungen definieren nicht nur den Horizont und die Grenzen des Experimentalsystems, sie sind auch Sedimentationsprodukte lokaler oder disziplinärer Arbeitstraditionen mit ihren Messapparaturen, dem Zugang zu, vielleicht auch nur der Vorliebe für spezifische Materialien und Labortiere, den kanonisierten Formen handwerklichen Könnens, das von erfahrenen Laborkräften unter Umständen über Jahrzehnte weitergegeben wird. (Rheinberger: 25/26)

Epistemische Dinge dagegen sind nach Rheinberger eher Prozesse und Projektionen als definitive Gegenstände. Die Möglichkeit ihrer Definition setzt voraus, dass sie charakteristischerweise offen, Fragen-generierend und komplex sind (Knorr Cetina, 1998b: 99).

> Epistemische Dinge sind die Dinge, denen die Anstrengung des Wissens gilt – nicht unbedingt Objekte im engeren Sinn, es können auch Strukturen, Reaktionen, Funktionen sein. Als epistemische präsentieren sich diese Dinge in einer für sie charakteristischen, irreduziblen Verschwommenheit und Vagheit. (Rheinberger: 24)

Diese Unbestimmtheit kann nicht als defizitär angesehen werden, sondern ist bereits im Konzept von Rheinberger handlungsbestimmend. Aber auch für Karin Knorr Cetina ist diese Unbestimmtheit zentral, denn: „Wissensobjekte haben die Kapazität, unbeschränkt ´entfaltbar` zu sein.“ Sie befinden sich ständig „im Prozess materialer Definition“, erlangen dadurch ständig neue Eigenschaften und „wechseln diejenigen, die sie haben“. Als Konsequenz ergibt sich daraus, dass Wissensobjekte nie völlig erreichbar sind, „dass sie, wenn man will, nie sie selbst sind.“ (Knorr Cetina, 1998b: 99)

Zeichnen sich die epistemischen Dinge, die Wissensobjekte durch ihre Unbestimmtheit und Undefiniertheit aus, dann bilden die technischen Dinge den Rahmen für den Prozess ihrer Bestimmung. Damit determinieren sie die Wissensobjekte, vor allen Dingen aber auch den gesamten Forschungsprozess. Neues Wissen bzw. die Bestimmung der Wissensobjekte ist auf diese Rahmenbedingungen angewiesen und kann diese nicht überschreiten. Lediglich, wenn der Bereich der technischen Dinge erweitert wird, können neue Bestimmungsmethoden entstehen, neue Bedingungen der Möglichkeit von Wissensbestimmungen können geschaffen und neues Wissen über die epistemischen Dinge kann dann damit erreicht werden.

Doch „die technischen Bedingungen bestimmen nicht nur die Reichweite, sondern auch die Form möglicher Repräsentationen eines epistemischen Dings; ausreichend stabilisierte epistemische Dinge wiederum können als technische Bausteine in eine bestehende Experimentalordnung eingefügt werden.“ (Rheinberger: 26) Eine Transformation vom epistemischen zum technischen Ding und umgekehrt kann stattfinden. Ein typisches Beispiel hierfür sind, nach Karin Knorr Cetina Computer und Computerprogramme:

> Sie erscheinen am Markt in ständig neuen „updates“ (fortschreitend fehlerverbesserte Produkte) und „Versionen“ (für ihre Differenz zu früheren Produkten markierte Varianten) Sie sind sowohl präsent („zuhanden“) als auch abwesend (Objekt weiterer Forschung und Entwicklung), dieselben und nicht dieselben. (Knorr Cetina, 1998b: 96)

Mit dieser Differenzierung in zwei Typen von wissenschaftlichen Objekten kann Karin Knorr Cetina einerseits zeigen, dass, da die epistemischen Dinge eine offene Struktur beinhalten, die entfaltbar ist, da sie nie sie selbst sind, eine Gemeinsamkeit ausgemacht werden kann, die bei allen Typen der Laboratorien, letztendlich bei jeder Art der wissenschaftlichen Forschungsarbeit, vorgefunden werden kann. Auf diese Entfaltbarkeit wird sich ihr Fokus richten.

Anderseits gelangt sie über Rheinberger zu Heideggers (1953: 72 ff) Bestimmung von Vorhandenheit und Zuhandenheit. Gegenstände, Instrumente, „Zeug“, so Heideggers Begriff, werden für etwas gebraucht, sind Mittel zu bestimmten Zwecken und genau dafür sind sie „zuhanden“. Defiziente Modi aber, wie das Fehlen oder das Nicht-Funktionieren des „Zeugs“, sorgen dafür, dass die „Vorhandenheit“ der Gegenstände in den Blick gelangen kann. Diese „Störung der Verweisung“ fordert auf, den rein instrumentellen Gebrauch des „Zeugs“ aufzugeben, und die Instrumente, Werkzeuge selbst wieder zum Untersuchungsobjekt, zum epistemischen Ding, zu machen. Diese „Sorge um“ den Gegenstand rückt den Gegenstand selbst wieder in den Mittelpunkt und nicht nur seine Mittel/Zweck – Beziehung.[45] Somit können durch eine Transformation eines technischen Gegenstandes in einen epistemischen Gegenstand feste Strukturen aufgebrochen und Möglichkeiten für eine neue Beziehung zu den Objekten, eine nicht nur instrumentelle Beziehung, oder einen neuen Umgang mit den Objekten geschaffen werden.

---

[45] die Begriffe, die in Anführungszeichen gesetzt sind, sind Begriffe von Heidegger, so zum Beispiel in Sein und Zeit

2.3. Die Bedeutung der Struktur des Wünschens und Begehrens in der Wissenschaftsforschung

Um die neuen Beziehungsstrukturen darzustellen, gilt Karin Knorr Cetinas Augenmerk damit besonders den epistemischen Dingen. Wie schon gezeigt sind diese „nie sie selbst", nie kann das „natürliche" Objekt in seiner Ganzheit in den Forschungsprozess und in den artifiziellen Raum der Laboratorien eingebracht werden, oftmals ist dies noch nicht einmal, wie oben gezeigt wurde, wünschenswert. „Was wir im Forschungsprozess antreffen, sind Repräsentationen oder Substitute, die einen grundsätzlicheren Objektmangel verdecken. Auf der Seite des Subjekts korrespondiert dieser Mangel mit einer Struktur des Wünschens/Wollens, einem ständig sich erneuernden Interesse an einem Wissen, das niemals durch endgültiges Wissen erfüllt wird" (Knorr Cetina, 1998b: 99). Dieser Objektmangel, diese „Struktur des Wünschens" führt Karin Knorr Cetina zu Hegel[46] und von Hegel zu Lacan. Dieser ist, ausgehend von den Objektbeziehungen[47] in der Psychoanalyse, für sie besonders interessant, da er die Struktur des Wünschens von einer Struktur des Objektmangels abhängig macht.

Lacan[48] leitet diese Strukturen vom Spiegelstadium in der frühkindlichen Entwicklung her:

> In diesem Stadium wird das Kind durch die Ganzheitlichkeit seines Bildes im Spiegel beeindruckt, während es gleichzeitig realisiert, dass es in seiner täglichen Erfahrung ein Bündel von Inkapazitäten darstellt. Das Wünschen („desire") wird aus dem Neid gegenüber dem perfekten Spiegelbild oder den spiegelnden Projektionen der Eltern geboren; der Mangel ist permanent, denn es wird immer eine Distanz zwischen der subjektiven Erfahrung von etwas, das wir nicht sind und nicht können, geben, und dem Gaukelbild im Spiegel, oder dem anscheinenden „Ganzsein", der Perfektheit von Anderen. (Knorr Cetina, 1998b: 100)

Hat Peirce noch die Motivation der wissenschaftlichen Forschung darin gesehen, dass der Forscher den Zustand des Zweifelns in den Zustand des Überzeugtseins überführen möchte, dann sieht Karin Knorr Cetina in dieser Struktur des Wünschens gemeinsam mit der Struktur des Objektmangels den Ausgangspunkt jeder Forschungsaktivität. Dieser Mangel, der im Spiegelstadium durch das Bild des anscheinenden Ganzseins, im Forschungsprozess durch das epistemische Ding, das nie es selbst ist, das immer wieder durch neue Repräsentationen vermittelt werden muss und nicht in seiner Ganzheit erkannt werden kann, zeigt aber nicht nur, was nicht erreicht werden kann, sondern suggeriert gleichzeitig, in welche Richtung etwas unternommen werden muss, um diesen Mangel zu beheben. „In diesem

[46] dargestellt zum Beispiel in der Phänomenologie des Geistes
[47] so zum Beispiel in seinem Buch: „Das Seminar, Buch IV, Die Objektbeziehungen"
[48] Karin Knorr Cetina beruft sich an dieser Stelle auf Lacan, Wilden und Alford (36 ff)

Sinn strukturieren Wissensobjekte das Wünschen und Sorgen für die Weiterführung der Struktur". (ebd.) Mit ihrer Unbestimmtheit und Undefiniertheit fordern die Wissensobjekte die Subjekte, die Forscher dazu heraus, nach den Möglichkeiten ihrer Erforschbarkeit zu suchen.

Damit müssen diese (die Experten) die Abwesenheiten der epistemischen Dinge und deren Entfaltungsstruktur versuchen aufzudecken, indem sie immer wieder neue Forschungsansätze, Experimente generieren und diese versuchen zu verstehen. Dieser Prozess kann allerdings nur scheitern, jedes neue Entfalten, jeder neue Versuch kann zu keinem vollständigen Aufdecken des Objektes gelangen, er kann lediglich neue Erkenntnisse über das Objekt erreichen. Gleichzeitig deckt aber jeder Versuch, das Objekt neu zu bestimmen, weitere Mängel der absoluten Bestimmbarkeit auf und gibt den Weg vor, in welche Richtung der weitere Forschungsprozess fortgeführt werden soll, welche technische Objekte hinzugenommen werden müssen, um zu besseren Erkenntnissen zu gelangen.

Von daher bleibt die Dynamik im Forschungsprozess offen. Der Wunsch, nach neuen Möglichkeiten der Erkenntnis der Objekte zu suchen und sich an ihnen zu orientieren, bleibt bestehen und liegt, nach Karin Knorr Cetinas Ausführungen nicht nur im Subjekt, sondern auch im Objekt begründet, einerseits im epistemischen Objekt, das durch den Objektmangel die Strukturen des Wünschens und Begehrens im Subjekt hervorruft, andererseits im technischen Objekt, das die Möglichkeiten festlegt, die der weitere Forschungsprozess nur dann überschreiten kann, wenn er in diesen Prozess neue technische Objekte aufnimmt.

Ist man an dieser Stelle angekommen, dann erscheint es wie selbstverständlich, dass Beziehungen zu Wissensobjekten, wie Karin Knorr Cetina sie darstellt, einen ganz anderen Status erhalten, als Beziehungen zu anderen materialen Objekten, wie zum Beispiel zu Waren (oder auch den technischen Instrumenten).

> Waren werden im allgemeinen innerhalb von Tauschsystemen platziert. Für Marx waren sie hergestellte Güter, die per Definitionem mit der Arbeit, die auf ihre Herstellung verwendet wurde und in ihrem Wert ausgedrückt ist, assoziiert sind. In der neueren Literatur werden Waren mehr als Mittel symbolischen Ausdrucks[49] und der Statuskundgabe gesehen. (97)

Doch diese Beziehungen sind Tauschbeziehungen. Tauschbeziehungen erhalten aber ihren Wert dadurch, dass etwas für etwas eingetauscht werden kann. Die Ware wird nicht wegen

---

[49] so zum Beispiel bei Baudrillard

ihres eigenen Wertes, sondern wegen ihres Tauschwertes geschätzt. Kein intrinsisches Interesse besteht darin, sie zu erwerben. „Objektbeziehungen von Experten implizieren aber genau das Gegenteil: Nicht-Entfremdung und Identifizierung mit den eigenen Arbeitsprodukten." (98) Dieses intrinsische[50] und damit ein nicht nur instrumentelles Interesse zeichnet die von Karin Knorr Cetina dargestellten Objektbeziehungen aus.

Die Struktur des Wünschens und Begehrens kann Karin Knorr Cetina noch nicht genügen, um ihr Konzept deutlich zu machen. Sie möchte nicht nur zeigen, dass die Auseinandersetzung mit dem Objekt konstitutiv für das Subjekt ist, sondern sie geht davon aus, dass neue Sozialitätskonzepte erarbeitet werden müssen. Von daher sucht sie nach einer Theorie, die die Reziprozität und Solidarität einer Objekt-orientierten Sozialität begründen kann.

2.4. Die Bedeutung der Reziprozität und Solidarität für eine Objekt-orientierte Sozialität

Den Theorieansatz für die Reziprozität findet sie in Meads symbolischen Interaktionismus. Meads hauptsächlicher Verdienst mit seiner Entwicklung des Konzepts des symbolischen Interaktionismus liegt darin, „eine pragmatistische Analyse sozialer Interaktion und individueller Selbstreflexion entwickelt zu haben" (Joas, 1999: 186). Mit dieser Methode kann er eine Einheit von Individuation und Sozialisation[51] herstellen und kann die Gegensätze zwischen Individualismus und Kollektivismus aufheben (ebd.). Von daher kann sein Konzept zeigen, wie eine Objekt-orientierte Sozialität zu denken ist, die das Subjekt im Auge behält und es dennoch innerhalb eines Kollektivs konfigurieren kann.

---

[50] Karin Knorr Cetina spricht hier von einem intrinsischen Interesse und geht in ihrer Beschreibung noch weiter. Sie zitiert McClintock: „Wenn Du einen Tumor wirklich verstehen willst, musst Du ein Tumor werden". Georges Bataille beschreibt dies folgendermaßen („Der verfemte Teil", 36): „Es ist gewiß gefährlich, wenn man die kalte wissenschaftliche Forschung bis zu einem Punkt treibt, wo ihr Gegenstand einen nicht mehr gleichgültig lässt, sondern einen vielmehr versengt. Das Sieden, das ich untersuche und das den Erdball bewegt, ist auch *mein* Sieden. So kann das Objekt meiner Untersuchung nicht mehr vom Subjekt geschieden werden, genauer noch: *vom Subjekt auf seinem Siedepunkt.*"

[51] Joas macht dies in seiner Dissertationsarbeit in bezug auf die Dingkonstitution deutlich. In seinem 7.Kapitel: „Dingkonstitution und Rollenübernahme" beschäftigt er sich ausgiebig, wie der Titel schon sagt, mit der Dingkonstitution. „Für Mead ist Kant die Fortsetzung dieser Problemgeschichte; dieser erkennt die Dingkonstitution als transzendentale Einheit der Apperzeption a priori durch das begleitende 'Ich denke', kann aber nicht die Herausbildung dieses 'Ich denke' selbst begründen und scheitert am Phänomenalismus des 'Ding an sich'. [...] Der Durchbruch für Meads Theorie der Dingkonstitution kam nun, als er erkannte, *dass die Kooperation von Hand und Auge erst dann 'Dinge', permanente Objekte bilde, wenn die im sozialen Umgang entwickelte Fähigkeit der Rollenübernahme auf den Umgang mit nicht-sozialen Objekten ausgedehnt wird.*" (1980: 150/151)

Von Lacan her kommend, zeigte Karin Knorr Cetina, dass das Selbst durch die Struktur des Wünschens über das Objekt definiert werden kann (Knorr Cetina, 1998b: 104). Dieses wechselseitige Ermöglichen des Selbst und des Objekts durch die „Verflechtung von Wünschen und Mängel spezifiziert eine Art von Rückgrat an Reziprozität für eine Objektbezogene Sozialität" (ebd.). Eine Reziprozität entsteht unter anderem dadurch, dass während des Forschungsprozesses die Wissenschaftler versuchen müssen, die Zeichen, die ein Objekt von sich gibt, „auch wirklich zu entziffern und damit zu bestimmen, was sie als nächstes wollen und tun sollen" (ebd.). Mead drückt dies folgendermaßen aus:

> Nehmen wir die Situation eines Wissenschaftlers, der ein Problem zu lösen hat. Er verfügt über bestimmte Daten, die bestimmte Reaktionen auslösen. Einige dieser Daten veranlassen ihn dazu, ein bestimmtes Gesetz anzuwenden, während andere nach einem anderen Gesetz verlangen. Die Daten sind mit ihren Implikationen gegeben. Er weiß, was diese oder jene Färbung bedeutet, und wenn er diese Daten vor sich hat, bedeuten sie bestimmte Reaktionen seinerseits; nun aber stehen sie miteinander im Konflikt. Reagiert er auf die eine Weise, so ist die andere Reaktion unmöglich. Was er wirklich tun wird, weiß weder er noch ein anderer. Die Handlung der Identität geschieht in Reaktion auf diese widersprüchlichen Daten in der Form eines Problems, das ihm als Wissenschaftler widersprüchliche Forderungen auferlegt. Er muss es aus verschiedenen Blickwinkeln sehen. Die Handlung des „Ich" ist etwas, dessen Natur wir im vorhinein nicht bestimmen können.
>
> Das „Ich", in dieser Beziehung zwischen „Ich" und „ICH", ist also etwas, das sozusagen auf eine gesellschaftliche Situation reagiert, die innerhalb der Erfahrung des Einzelnen liegt. (Mead: 220/221)

Der Wissenschaftler, der im Forschungsprozess innerhalb seiner Gruppe entscheiden und handeln soll und muss, der seine Identität des „Ich" oder „I" über die Forschergemeinschaft mit all ihren Inhalten, damit auch über die Objekte, bzw., wie Mead es ausdrückt über das „me"[52], definiert, kann nur mit Mustern entscheiden und handeln, die über diese Gemeinschaft vorgegeben, vermittelt sind. Er muss über Gesten und Rituale und damit über Verhaltensdispositionen lernen, Rollen[53] zu übernehmen. Diese Rollen sind im Forschungsprozess die Perspektiven von anderen Forschern, aber auch, nach Mead, von physischen Objekten. So schreibt er:

---

[52] Meads 22. Kapitel lautet im Original: „The 'I' and the 'Me'" wird aber im Deutschen mit: „Das 'Ich' und das 'ICH'" übersetzt. Vgl. Mead: „Nachbemerkung zur Übersetzung" (442)

[53] Dieses Konzept der „Rollenübernahme" führt Mead noch weiter aus und unterscheidet zum Beispiel (194 ff) „Spiel, Wettkampf und der (das) verallgemeinerte Andere". Diese unterschiedlichen Spielmetaphern wären wahrscheinlich auch sehr interessant, für den wissenschaftlichen Forschungsprozess zu untersuchen. Was ist „play", was „game"? – Werner Rammert schreibt zu diesem Konzept: "Dinge und der Umgang mit ihnen – so könnte man meinen – bleiben dieser Sozialtheorie äußerlich. Auf deren Verhaltensweisen könnten bloß die anderen Erfahrungen projiziert werden. Mead verbindet jedoch die Prozesse der Sozial- und der Dingkonstitution von vornherein. Im Spiel der Hände, in der Manipulation, und im praktischen Umgang mit dem eigenen Körper als Objekt erlernt das Kind, auch die Rolle des Dings zu übernehmen, es als 'gegenständlichen, aber kooperationsfähigen Anderen' zu nehmen. Insofern ist in der Meadschen Sozialtheorie grundsätzlich auch die Interaktion mit Dingen, seien es Puppen oder PCs, als Thema angelegt. Im nachfolgenden Theorieprogramm des Symbolischen Interaktionismus geriet diese Seite der Meadschen Sozialtheorie fast ganz in Vergessenheit." (1998: 14)

> Der Techniker, der eine Brücke konstruiert, spricht mit der Natur genauso, wie wir mit dem Techniker sprechen. Es gibt dabei Elemente, die er einkalkulieren muss, und dann kommt die Natur mit anderen Reaktionen, die wiederum anders unter Kontrolle gebracht werden müssen. In seinem Denken nimmt er die Haltung physischer Objekte ein. Er spricht zur Natur, die Natur antwortet ihm. (Mead: 229)

Über dieses Konzept der „Rollenübernahme" können Teile des Subjekts in das Objekt eintreten oder zum Objekt werden und umgekehrt. Die Möglichkeit die Rolle des anderen, die über Gesten, Rituale und Verhaltensdispositionen vermittelt wurde, zu übernehmen, verfestigt die Reziprozität der Subjekt-Objekt Beziehung. Karin Knorr Cetina möchte allerdings nicht ganz so weit gehen, wie Mead es ihr ermöglichen würde. Obwohl sie mit Hilfe eines Beispiels von McClintock und deren Selbstbeschreibung ihres „Zusammenlebens mit Chromosomen" verdeutlichen kann, wie diese „als Subjekt und Wissenschaftlerin an der Welt der Objekte teilnimmt und wie die Objektwelt an ihr teilnimmt," (Knorr Cetina, 1998b: 106) streicht sie dennoch heraus, dass diese Wechselseitigkeit verzerrt bleibt, „da McClintock und die Objekte nicht strukturell dasselbe tun (z.B. beobachtet sie die Objekte und versetzt sich in ihre Lage, während die Objekte ihre Prozessierkapazitäten nutzen)." (ebd.) Obwohl das Subjekt/die Forscher und das zu erforschende Objekt eine reziproke Beziehung eingehen, ist bei Karin Knorr Cetina diese Beziehung noch nicht symmetrisch, wie sie bei Latour sein wird.

Gelangte man nun über den Objektmangel zur Struktur des Wünschens und Wollens, von dort zu einer „gewissen" Reziprozität der Beziehung zwischen Subjekt und Objekt, dann versucht Karin Knorr Cetina noch nachzuweisen, dass mit Hilfe eines „Wir"-Gefühls, eines Gefühls der Einheit ein Gefühl der Solidarität entstehen kann. Hierzu verwendet sie Durkheims[54] Solidaritätskonzept (107 ff).

Innerhalb der Expertengemeinschaft, einer Gemeinschaft, die eine bestimmte Objektwelt und das Wissen über diese Objekte miteinander teilt, die mit diesen Objekten eine bestimmte Form von Beziehungen eingeht, wie sie oben bei den verschiedenen Laboratoriumstypen

---

[54]Durkheims Problemstellung ist eine andere als die von Karin Knorr Cetina, zudem ist sie in einem ganz anderen Kontext, dem Kontext der Arbeitsteilung zu verorten. Lilienthal schreibt zu Durkheims Problemstellung: "Die Beobachtung, auf die er reagiert, ist das antinomische Verhältnis zwischen Gesellschaft und Individuum, das im Verlauf des 19. Jahrhunderts immer schärfer hervorgetreten ist: In dem Maße, wie die Individuen autonomer werden, geraten sie in immer größere Abhängigkeiten von den gesellschaftlichen Funktionssystemen. Das Problem, wie soziale Ordnung möglich ist, erhält dadurch seinen spezifisch modernen Akzent, dass Individualisierungsprozesse oder das Streben des Einzelnen nach individueller Freiheit und Selbstständigkeit zugleich mit seiner verstärkte Integration in das Netz gesellschaftlicher Abhängigkeit einhergeht." (58) Aber dieses antinomische Verhältnis, auf das Durkheim eingeht, kann vielleicht zum Nachdenken anregen, inwieweit in einer posttraditionellen Wissensgesellschaft, akzeptiert man Karin Knorr Cetinas Anfangsthese, nach neuen Sozialitätskonzepten gesucht werden kann und muss.

beschrieben wurde, entsteht über Rituale und Symbole ein gemeinschaftliches Gefühl, das auch die Objekte miteinbeziehen kann. Solidarität, nach Durkheim, impliziert eine Einheit, die von Geteiltem, Ungleichen[55] ausgeht und über eine Einheit von Sinn und Symbolen hergestellt wird. Sowohl die technischen wie auch die epistemischen Dinge erhalten eine Status, die den Begriff der Solidarität oftmals zwar fragwürdig, allerdings in bestimmten Situationen durchaus als angemessen erscheinen lassen. In der Auseinandersetzung mit den Objekten innerhalb eines Forschungsprozesses entstehen im Zusammenhang mit den Durchbrüchen und Entdeckungen Zustände des „Erregt Seins", die auch das Objekt betreffen. Ein Gefühl, eine Bindung wird mit den Objekten eingegangen, die eine Wertschätzung für das Objekt beinhaltet und auf moralische Aspekte ausgeweitet werden kann. Über diese Moralität, die nicht mehr auf religiöse Parameter zurückführbar ist, sondern über rationale Prozesse hergestellt wurde, erhalten diejenigen, die an arbeitsteiligen Prozessen teilnehmen ihre Solidarität[56].

Obwohl Durkheim dieses Konzept der Moral in einer arbeitsteiligen Gesellschaft lediglich auf die Individuen bezieht, die über ihre Zusammenarbeit zu einer eigenständigen Moralität[57] gelangen, dehnt Knorr Cetina diesen Begriff auf die Objekte aus. Wie bei der Beschreibung der Arbeitsweise des CERN gezeigt wurde, können Detektoren durchaus soziale und moralische Wesenseigenschaften zugeschrieben werden.

Erscheint das Konzept von Karin Knorr Cetina recht plausibel, sollen an dieser Stelle einige Kritiken diskutiert werden.

2.5. Auseinandersetzungen mit Karin Knorr Cetina

Um seine Methode des „Methodischen Konstruktivismus und Kulturalismus" gegen den „Empirischen/Sozialen Konstruktivismus" zu verteidigen, kritisiert Peter Janich an Karin Knorr Cetina zum einen, dass sie für sich in Anspruch nehme, „die Forscher wie Mitglieder

[55] Durkheim zeigt, wie auch in der wissenschaftlichen Forschung sich die Arbeitsteilung immer mehr ausbreitete. Er schreibt: „Nicht nur, dass der Gelehrte nicht mehr gleichzeitig mehrere Wissenschaften pflegt, er überschaut nicht einmal mehr die Gesamtheit einer einzigen Wissenschaft. Der Kreis der Untersuchungen verengt sich auf eine bestimmte Teilzahl von Problemen oder gar auf ein einziges Problem." (84)

[56] Lilienthal schreibt hierzu: „Die solidaritätsstiftende Kraft der sozialen Arbeitsteilung beruht für Durkheim wiederum auf einem normativen Fundament, das allerdings seine religiöse Einfärbung weitgehend verloren hat." (66)

[57] vgl. Durkheim (285)

einer fremden Kultur unvoreingenommen" (1998: 97) beobachten zu können. Janich bezieht sich dabei auf ihr 1984 erschienenes Buch: „Die Fabrikation von Erkenntnis". In ihrem Buch von 2002: „Wissenskulturen" (auf englisch bereits 1999 erschienen) ordnet Karin Knorr Cetina „die experimentellen Subjekte in den Sozialwissenschaften" (54) und die mit ihnen verbundenen Forschungsarbeiten ihrem ersten Labor- und Experimententyp zu. Die „Experimente" der Sozialwissenschaftler arbeiten demnach mit Objekten, „die realzeitliche Ereignisse simulieren" (53). Wie diese funktionieren und welche Probleme dabei auftreten, wurde weiter oben genau beschrieben.

Konkret bedeutet dies für ihre empirische Forschungsarbeit, dass sie darlegen muss (29 ff), welche Mittel und Möglichkeiten ihr zur Verfügung standen, um diese Arbeit zu bewerkstelligen: Mit der Arbeitsweise der teilnehmenden Beobachtung werden die ersten Forschungsergebnisse gewonnen. Bereits diese ist auf die Unterstützung anderer Forscher sowohl aus der Ethnologie als auch aus den untersuchten Laboratorien selbst angewiesen. Zudem werden bereits vorhandene wissenschaftliche Veröffentlichungen, hier sind besonders die Untersuchungen von Klaus Amann (32) über die Laboratorien der Molekularbiologie zu nennen, zu Rate gezogen. Aber auch Analysen der elektronischen Aufzeichnungen, „die bei Kollaborationstagungen, aber auch bei sonstigen Kommunikationen hergestellt wurden" (34) werden eingearbeitet.

Dabei bleibt Karin Knorr Cetina jedoch noch nicht stehen. Sie gestaltet die Anmerkungen zu den einzelnen Kapiteln ihres Buches als fiktive und nicht-fiktive Dialoge mit WissenschaftlerInnen und LeserInnen. In diesen Dialogen wird diskutiert, welchen Problemen beim Schreiben des Textes sie sich stellen musste (z.B. 112 ff) und wie sie versucht hat, diese zu lösen.

Obwohl damit die Diskrepanz zwischen „Realität" und Darstellung, „Wirklichkeit" und Simulation so klein wie möglich gehalten werden kann, kann sie nicht vollständig aufgelöst werden. Die technischen Dinge gewährleisten zwar einen bestimmten Forschungsumfang, aber sie können die Unbestimmtheit des epistemischen Dinges nicht vollständig in eine Bestimmtheit überführen. Doch genau hieraus zieht Karin Knorr Cetina dann ihren Nutzen für eine neue Umgangsform mit Objekten und damit der Positionierung des Forschers zu seinem Forschungsobjekt, eben auch des sozialwissenschaftlichen Forschers zu seinen Untersuchungen. Auch für diese und damit für Karin Knorr Cetina selbst bleibt der Forschungsprozess offen, neue Untersuchungen, durchaus auch aus anderen Forschungsgebieten, können und müssen sich anschließen, um diese Diskrepanz weiterhin zu bearbeiten und zu verringern.

Zum anderen grenzen sich Hartmann/Janich mit ihrem Konzept des „Methodischen Kulturalismus“ bzw. der „Kulturalistischen Wende“ gegen Karin Knorr Cetina ab, indem sie sie auf der Seite der philosophischen Positionen verorten, die der „Skylla“ des Naturalismus entgehen wollten, oft allerdings der „Charybdis“ des Kulturrelativismus anheim fielen. (vgl. Hartmann/Janich: 18)

Indem Karin Knorr Cetina feststellt, „dass Laboratorien eine ′gesteigerte‵ Umwelt darstellen“ (2002: 45) und ihre epistemischen Kulturen von den Labortypen ableitet, könnte vermutet werden, dass hinter ihrem Konzept ein versteckter Naturalismus[58] auszumachen sei. Vielleicht könnte man ihre Position wegen des Konzeptes der unterschiedlichen epistemischen Kulturen, die sie dann (um der Skylla des Naturalismus zu entgehen?) von den Labortypen ableitet, und mit dem sie die Einheitlichkeit der Wissenskultur bezweifelt, der Position des Kulturrelativismus[59] zuschreiben.

Mit ihrer Einführung des Konzepts von Rheinberger eines technischen und eines epistemischen Dinges kann Karin Knorr Cetina allerdings diesen Vorwürfen etwas entgegensetzen. Einerseits fordert der Objektmangel des epistemischen Dinges, wie oben beschrieben, den Wissenschaftler zu einer neuen Umgangsform heraus, die nicht mit Konzepten des Naturalismus verbunden werden kann. Die soziale Ordnung innerhalb des Labors, die von der Unbestimmtheit des epistemischen Dinges mitbestimmt wird, muss demnach in Relation zur natürlichen Ordnung (vgl. Knorr Cetina, 2002: 45) gesehen werden und gewinnt einen hohen Stellenwert in ihren Ausführungen.

Andererseits legt das technische Ding mit seiner Bestimmtheit Rahmenbedingungen fest, die nicht nur aus dem gegebenen kulturellen Milieu her erklärt werden können und damit nicht nur in diesem Kontext ihre Gültigkeit und Geltung beanspruchen. Das technische

[58]Als Naturalisten definiert Janich die Wissenschaftler, die annehmen, „dass Technik nur die angewandten, nach menschlichen Zwecken genutzten Naturgesetze sind, die vom Menschen ganz unabhängig da und im günstigen Falle durch den Menschen in den Naturwissenschaften erkannt sind.“ (2003: 94)
[59]Hartmann/Janich verstehen unter der Position des Kulturrelativismus die Position, „die behauptet, dass als wahr und gerechtfertigt jeweils immer das zu gelten hat, was im gegebenen kulturellen Milieu historisch-faktisch akzeptiert wird.“ (1998: 18)

Ding: Instrumente, Aufzeichnungsapparaturen, standardisierte Modellorganismen zeichnet sich ja gerade dadurch aus, dass es aus erforschten und erprobten Wissensbeständen aus unterschiedlichsten Bereichen und Zeiten besteht und eine stabile Umgebung herstellen soll, um einen geregelten, normierten Ablauf des Forschungsprozesses zu sichern.

Damit dürfte ihre Position, wenn sie festgelegt werden sollte, bestenfalls zwischen Naturalismus und Kulturalismus, zwischen Natur und Kultur auszumachen sein[60].

Zudem muss kritisiert werden, dass ihre Bezüge zu Lacan, Mead und Durkheim sehr kurz und damit sehr wenig komplex dargestellt werden. Ob sich diese tatsächlich auf eine Sozialität mit Objekten anwenden lassen, müsste in einer umfangreicheren Untersuchung sichergestellt werden. Auch müsste untersucht werden, ob sich diese drei Theorien miteinander konsistent kombinieren lassen, oder ob man sich durch eine Kombination nicht das Problem der Inkonsistenz[61] einhandelt.

Besonders auffallend ist bei den Theoriebezügen zu Mead und Durkheim, dass es sich um Theorien aus der „Gründerzeit der Soziologie" (Rammert, 1998: 11) handelt. Mittlerweile wurden diese mehrfach überarbeitet und liegen in aktuelleren Fassungen vor. So hat besonders der symbolische Interaktionismus[62] von Mead neue Formen angenommen. Allerdings sollte bei einer Kritik berücksichtigt werden, dass gerade bei diesen Theorien aus der Gründerzeit, die „nicht zufällig mit der Gründerzeit der modernen Industriegesellschaft und der Erfahrung der revolutionierenden Kräfte" zusammenfallen (Rammert, 1998: 11), noch

---

[60] Rainer Lange beschreibt in seinem Aufsatz: „Zwischen Skylla und Charybdis?" sehr ausführlich, welche Probleme sich Janich und Hartmann einhandeln, wenn sie mit Hilfe ihres Methodischen Kulturalismus eine „Kulturalistische Wende" bewirken wollen, und wenn sie dazu einen „unumgänglichen Kurs zwischen Skylla und Charybdis" (23) einschlagen. In diesem Aufsatz zeigt er, welchen Aufwand sie betreiben, um sich gegen die Position von Karin Knorr Cetina abzugrenzen (30,46) und zweifelt diesen an.

[61] Strübing sieht, allerdings 1997, noch keinen direkten Zusammenhang zwischen Symbolischen Interaktionismus und Spielarten des Konstruktivismus. Er untersucht vielmehr vergleichende und damit unterschiedliche Aspekte: „Die Laborstudien und insbesondere die Forschungslinie von Knorr-Cetina bleiben im Unterschied zu den interaktionistischen Studien allerdings wesentlich stärker auf verbale Interaktion bezogen, und sie erforschen die wissenschaftlichen Praxen von vornherein *als* Prozesse der Wissenshervorbringung – was die Gefahr beinhaltet, andere relevante Aspekte dieser Praxis (z.B. Organisationsarbeit) in ihrer Bedeutsamkeit für gelungene Prozesse des Forschens und Entwickelns systematisch zu unterstützen." (379) Sehr wahrscheinlich muss Strübing nach Erscheinen des Buches: „Wissenskulturen" oder des Essays: „Sozialität mit Objekten" über diesen Kritikpunkt neu nachdenken.

[62] Jörg Strübing beschreibt in seinem Essay: „Symbolischer Interaktionismus revisited: Konzepte für die Wissenschafts- und Technikforschung" sehr ausführlich, wie er sich einen Symbolischen Interaktionismus für die Wissenschafts- und Technikforschung vorstellt: „Die folgende Darstellung wird von der *These* strukturiert, dass sich der Sinn und Nutzen symbolischer-interaktionistischer Konzepte in der Wissenschafts- und Technikforschung am besten erschließen lässt, wenn man Forschung und Technikentwicklung als praktisches *Arbeits*handeln in unterschiedlich strukturierten sozialen, räumlichen und sachtechnischen Kontexten auffasst." (369)

„materielle Sachen, spezieller auch technische Artefakte, zu den legitimen Gegenständen der Soziologie geschlagen“ werden (12). Erst in der Folge konzentrierten sich die soziologischen Theorien und damit auch der symbolische Interaktionismus auf „rein zwischenmenschliche Beziehungen, wie Sozialisation, Gruppen-, Klassen- und Massenverhalten und die Institutionalisierung von Rollen und Wertordnungen“ (15). Von daher dürfte es sich als lohnenswert erweisen diese Theoriebezüge in Hinblick auf eine Sozialität mit Objekten neu darzustellen.

Sieht man sich zudem die Soziologie von Mead genauer an, dann kann des weiteren festgestellt werden, dass gerade diese nachgewiesen hat, „dass soziale Struktur und sozialer Sinn wesentlich als nicht-intendiertes Ergebnis gesellschaftlicher Interaktion entstehen und nicht als beabsichtigtes Resultat individuellen Handelns“. (Rammert/Schulz-Schaeffer: 12) Diese Darstellungsweise des sozialen Sinns macht noch einmal deutlich, dass sich Meads Sozialtheorie anbietet, eine Sozialität mit Objekten darzustellen. Durch seine Konzeption des sozialen Sinns muss weder von einem autonomen Subjekt ausgegangen werden, noch muss explizit problematisiert werden, ob Objekte intentional handeln können.

Inwiefern sich Karin Knorr Cetina, wenn sie Meads Theoriegebäude bzw. das des Symbolischen Interaktionismus nutzt, den Vorwurf gefallen lassen muss, dass der Faktor Macht selten thematisiert wird[63], könnte in einer weiteren Untersuchung geprüft werden. Obwohl Karin Knorr Cetina in ihrer Konzeption der Sozialität der Objekte nicht genauer auf die Machtverteilung in den Interaktionsbeziehungen eingeht und diese damit explizit ausführt, negiert sie die Existenz von Macht keinesfalls. Mit Hilfe ihrer Ausführungen könnte sehr wahrscheinlich sogar besonders deutlich gezeigt werden, an welchen Stellen sich einerseits im Forschungsprozess, andererseits in den Laboratorien Machtstrukturen etablieren können, die dann nicht nur die Arbeiten in den Laboratorien selbst betreffen, sondern in die Gesellschaft hineingetragen werden. Auf diesen Punkt soll in dem folgenden zusammenfassenden Kapitel eingegangen werden.

---

[63] vgl. Strübing, 383.

2.6. Objekt-zentrierte Beziehungen

Karin Knorr Cetina fordert dazu auf, ihre drei verwendeten und modifizierten Modelle (das Durkheimsche, das Meadsche und das Lacansche) lediglich als Metaphern zu betrachten (1998b: 109). Dennoch soll an dieser Stelle gezeigt werden, dass diese Modelle begriffliches und methodisches Material zur Verfügung stellen, mit Hilfe dessen der wissenschaftliche Forschungsprozess genauer untersucht werden kann.

Verändert man die theoretische Optik, bezieht das Objekt mit Hilfe von Karin Knorr Cetinas Modellen in einen sozialwissenschaftlichen Forschungsprozess ein und analysiert damit den Entstehungsprozess von Wissen, dann können unter anderem folgende Punkte genauer erfasst werden:

Zum einen kann untersucht werden, mit Hilfe welcher Technologie bzw. welchen Labortyps dieses Wissen gewonnen wurde. Probleme, die bei einer Verwendung der jeweiligen Technologie auftreten, können deutlich gemacht werden. Es kann gezeigt werden, dass das Labor, benutzt man Karin Knorr Cetinas Vokabular, eine „gesteigerte Umwelt" darstellt, die „Naturprozesse ins Haus" holt. Über diese Veränderung des Ortes werden die Prozesse einem „durch und durch artifiziellen Raum" ausgesetzt. Zwar können neue Möglichkeitsbedingungen der Wissenserkenntnis dadurch gewonnen werden. Diverse Wirklichkeitsbedingungen gehen jedoch verloren. Konfrontiert man anschließend die Erkenntnisse, die in der Laborpraxis gewonnen wurden, wieder mit der Wirklichkeit, bleibt in seltenen Fällen der Erkenntnisprozess dabei stehen, dass man diese Wirklichkeit nun besser versteht. Vielmehr ist davon auszugehen, dass sich in dieser Konfrontation die Wirklichkeit[64] deutlich verändert, da sie mit neuen Denk-, Wahrnehmungs- und Handlungsmustern erfasst werden kann/muss. Wendet man dieses Wissen, das einen Transformationsprozess über das Labor durchlaufen hat, zusätzlich an, dann kann es in der sozialen Umgebung zu unvorhergesehenen Einsatzmöglichkeiten und Wirkungswirkungen[65] führen, die durch weitere Forschungsprozesse bearbeitet werden müssen.

---

[64] Barbara Duden analysiert diese neue Wirklichkeit mit Hilfe von Ludwik Flecks Konzepts des Denkstils und Denkkollektivs in bezug auf die Schwangerschaftsdiagnostiken (Schwangerschaftstests, Ultraschallbilder ...). Sie stellt die Fragen: „Wie kommt so eine 'Wirklichkeit' zustande? Wie wird sie zum Allgemeingut? Und wie wird sie zum Erlebnis?" (80)

[65] vgl. Petra Gehring: „Wirklichkeiten aus dem Labor" (113)

Zum anderen kann über das technische Ding gezeigt werden, welche Ressourcen bereitgestellt wurden, um zu diesem Wissen zu gelangen. Dabei spielen finanzielle Mittel und alte Wissensbestände eine nicht zu unterschätzende Rolle. Ob und in welchem Ausmaß diese Mittel bereitgestellt werden, ist nicht unabhängig vom gesellschaftlichen Kontext zu verstehen. So werden gesellschaftlich anerkannte Forschungsprojekte über hohe Ressourcen verfügen können, gesellschaftlich weniger anerkannte eher über geringere.

Auch kann über eine Untersuchung des technischen Dinges gezeigt werden, zu welchen Forschungsergebnissen der jeweilige Prozess nicht gelangen kann. Die liminalen Strategien, die über das technische Ding festgelegt worden sind, können nur dann überschritten werden, wenn dieses „Ding" erweitert wird. Damit könnte zugleich aufgezeigt werden, ob über dieses technische Ding Möglichkeiten zur Verfügung gestellt werden, die dazu geeignet sind, bestimmte Forschungsversprechen einzulösen.

Verwendet man aber das epistemische Ding als Erkenntnisinstrument, um einen Forschungsprozess genauer zu analysieren, dann gelangt man erstens unter Verwendung des von Karin Knorr Cetinas modifizierten Lacanschen Modells des Objektmangels zu einer Bewegung, die durch dieses epistemische Ding ausgelöst wird, vom Subjekt allerdings nicht einzuholen ist. Jeder Forschungsprozess kann die Unbestimmtheit des Objekts nicht vollständig auflösen, Fragen bleiben offen. Dieses Objekt ist nie es selbst. Damit, denkt man dieses Konzept konsequent weiter, beinhaltet dieses epistemische Ding zum einen eine Struktur, die durchaus ein handlungsbestimmendes, aber auch teleologisches Element aufweist. Zum anderen fordert dieses Objekt durch seine Unbestimmbarkeit auf, neues und damit innovatives Wissen zu erlangen. Jeder Wissensgewinnungsprozess ist somit nie vollständig beendet.

Zweitens sorgt das reziproke und solidaritätsstiftende Modell, das Karin Knorr Cetina an Mead und Durkheims Konzeptionen anschließt, dafür, dass in der sientific community eine Gemeinschaftsstruktur entsteht, die das Objekt miteinbezieht. Der Zusammenhalt dieser Gemeinschaft entsteht dann nicht mehr nur über die Aktionen zwischen den Subjekten, sondern auch über eine Interaktion zwischen Subjekt und Objekt, epistemischen Ding.

Welche Bedeutung für das Subjekt, für die Bildung eines „Selbst", einer Identität gerade in den Laboratorien vom Objekt ausgehen können, zeigen Konfliktsituationen, Situationen, in denen ein Forschungsprojekt aufgelöst wird oder eine neue Forschergruppe gegründet werden soll. In beiden Fällen müssen alte Objektbeziehungen aufgegeben werden:

> Eine verlorene Objektbeziehung kommt in dieser Situation immer einem Rückschlag gleich – in sozialer, politischer, finanzieller, emotionaler und psychologischer Hinsicht. Der wissenschaftliche Status steht auf dem Spiel und kann durch eine verlorene Objektbeziehung verletzt werden, politisches Gewicht kann sich verringern, Förderorganisationen können auf Forschungsanträge zögerlich reagieren, und Identitäten, die sich aus der Objektbeziehung speisen, können verloren gehen. (Knorr Cetina, 2002: 273)

Gerade diese Situationen belegen, dass Objekt-zentrierte Beziehungen, dass der Umgang mit Objekten deutliche Auswirkungen auf das Subjekt besitzt, und damit nicht leichtfertig aufgegeben werden kann. Von daher steht zu vermuten, dass genau aus diesem Grund, treten massive Probleme im Forschungsprozess auf, in den seltensten Fällen der gesamte Forschungsprozess[66] in Frage gestellt wird. Vielmehr wird es dazu kommen, dass die auftretenden Probleme mit einer verbesserten Technologie, mit einem erweiterten technischen Ding bearbeitet werden.

Sieht es zunächst so aus, als wenn Karin Knorr Cetina lediglich für die Analyse der naturwissenschaftlichen Forschungsarbeit eine neue Perspektive zur Verfügung stellt, muss bei näherem Hinsehen festgestellt werden, dass auch die Sozialwissenschaften von einer Umstellung der theoretischen Optik nicht verschont bleiben. Indem sie auch die sozialwissenschaftliche Praxis in ihre Labortypen einarbeitet, unterliegt diese den gleichen Bedingungen wie die naturwissenschaftliche.

Damit muss auch diese über ihre eigenen Methoden in der oben dargestellten Weise reflektieren. Auch sie muss feststellen, dass, orientiert sie sich an den beschriebenen Modellen, Objekt-zentrierte Beziehungen eingeht und muss sich dann selbst eingestehen, dass ohne ein technisches und epistemisches Ding die scientific community nicht zu denken ist.

Beschränken sich Karin Knorr Cetinas Ausführungen auf ein Konzept über Laborwissenschaften und nehmen auch nicht für sich in Anspruch, auf andere Wissenschaften ohne

---

[66]Dass dies so sein könnte, beschreibt auch Ludwik Fleck in seinem Kapitel: „Über die Beharrungstendenz der Meinungssysteme und die Harmonie der Täuschungen.“ Er zeigt fünf Punkte auf, die eine „aktive Vorgehensweise“ beschreiben sollen, um ein System stabil zu halten: „1. Ein Widerspruch gegen das System erscheint undenkbar. 2. Was in das System nicht hineinpasst, bleibt ungesehen, oder 3. es wird verschwiegen, auch wenn es bekannt ist, oder 4. es wird mittels großer Kraftanstrengung dem Systeme nicht widersprechend erklärt. 5. Man sieht, beschreibt und bildet sogar Sachverhalte ab, die den herrschenden Anschauungen entsprechen, d.h. die sozusagen ihre Realisierung sind – trotz aller Rechte widersprechender Anschauungen.“ (40)

weitere empirischen Untersuchungen[67] übertragen werden zu können, dann gehen Bruno Latours Konzeptionen weiter.

Seine Untersuchungen beziehen sich nicht nur auf das Labor, sondern auf die Beziehungen zwischen menschlichen und nicht-menschlichen Wesen. Auch möchte er nicht eine Objekt-zentrierte Beziehung darstellen, sondern er fordert das Denken einer symmetrischen Anthropologie.

---

[67] Karin Knorr Cetina beantwortet die fiktive Frage einer Leserin: „Lassen Sie mich eine letzte Frage stellen: Kann man die Dinge, die Sie über die Hochenergiephysik und Molekularbiologie sagen, auf andere Expertenkulturen verallgemeinern?" – mit:„Vielleicht sollte ich eher erklären, wie ich die Resultate verwenden würde – ich würde sie nicht gleich verallgemeinern, sondern ich würde die Muster, die ich beschrieben habe, als Sondiermechanismen einsetzen, mit denen die distinktiven Charakteristiken anderer Expertenbereiche erprobt und zum Vorschein gebracht werden können." (2002: 343)

3. Latour und die Geschichtlichkeit der Dinge[68]

Obwohl Latour auch, wie Karin Knorr Cetina, die Wissenschaftsgeschichte und Ethnologie in seine Forschungsarbeiten integriert, bleibt er nicht bei einer Beziehungsstruktur, einem „Selbst", das sich mit der Andersheit, der Unbestimmtheit des epistemischen Dinges, wie sie Karin Knorr Cetina mit der Sozialität mit Objekten beschreibt, auseinandersetzen muss, stehen. Er ruft vielmehr zu einer „symmetrischen Anthropologie" (1998) auf. Er möchte nicht nur die Grenze zwischen menschlichen und nicht-menschlichen Wesen, zwischen Natur-/Ingenieur- und Geistes-/Sozialwissenschaften nicht anerkennen, sondern er hält sie für den Umgang mit wissenschaftlichen Tatsachen hinderlich und möchte sie von daher aufheben. Seiner Meinung nach müssen durch die Aufdeckung und Überschreitung dieser fundamentalen Trennung die Netze, die alles miteinander verbinden, entworren und neu geknüpft werden[69]. Erst dann können die Tatsachen nicht nur wirklich verstanden werden, sondern sie können und müssen ernstgenommen werden.

Diese Netze sind, so Latour, weder „objektiv noch sozial noch Diskurseffekte, während sie gleichzeitig sowohl real als auch kollektiv als auch diskursiv sind." (1998:13)

> Nicht länger verdankt sich die Wahrheit dessen, was Wissenschaftler sagen, einem Bruch mit Gesellschaft, Konvention, mit Vermittlungen und Verbindungen. Sie geht vielmehr auf die Sicherheit zurück, die durch zirkulierende Referenzen gewährleistet wird, welche in Kaskaden durch viele Transformationen und Übersetzungen fließen und dabei auch die Sprechakte von vielen Menschen, über die niemand dauerhaft Kontrolle hat, verändern und bestimmen. Anstatt der gemeinen Welt der Rhetorik, Argumentation und Berechnung zu entsagen – etwa wie die religiösen Eremiten der Vergangenheit - , beginnen die Wissenschaftler in Wahrheit zu sprechen, weil sie tiefer in die profane Welt der Worte, Zeichen, Leidenschaften, Materialien und Vermittlungen eintauchen. Sie erweitern ihre innige Verbindungen mit nicht-menschlichen Wesen, denn sie haben gelernt, diese dazu zu bringen, sich in ihren Diskussionen Geltung zu verschaffen. (2002: 117)

Latour führt aus, dass der Grundkonflikt der Moderne darin bestehe, dass sie es verstanden habe, zwei „Ensembles von Praktiken" voneinander getrennt zu behandeln. „Das erste Ensemble von Praktiken schafft durch 'Übersetzung' vollkommen neue Mischungen zwischen Wesen: Hybriden, Mischwesen zwischen Natur und Kultur. Das zweite Ensemble schafft, durch 'Reinigung', zwei vollkommen getrennte ontologische Zonen, die der Menschen einerseits, die der nicht-menschlichen Wesen andererseits." (1998: 19) Genau diese Trennung dürfe nicht mehr aufrecht erhalten werden, da sie das „ganze moderne Paradox" enthalte, denn: „Wenn wir die Hybriden betrachten, haben wir es mit Mischungen von

[68] Latour (2002: 175)
[69] vgl. Latour (1998: 9): „Den gordischen Knoten neu knüpfen"

Natur und Kultur zu tun; wenn wir die Reinigungsarbeiten betrachten, sind wir mit einer totalen Trennung zwischen Natur und Kultur konfrontiert.“ (44) Obwohl dieses Paradox dafür verantwortlich sei, dass sich immer mehr Hybride, Mischwesen oder Quasi-Objekte bilden konnten, werde dennoch diese Trennung, diese Reinigungsarbeit ständig vollzogen. Von daher muss er sich, wenn er diese Trennung überschreiten will, einerseits mit dieser Trennung auseinandersetzen, aber andererseits ein ganz neues Programm entwickeln.

Um dieses Programm besser vorstellen zu können, soll mit der Frage nach der Wirklichkeit begonnen werden.

3.1. Die Frage nach der Wirklichkeit

„Glaubst du an die Wirklichkeit?“ (2002: 7) Erstaunt über diese Frage, muss Latour antworten: „Aber natürlich! [...] was für eine Frage! Ist Wirklichkeit etwas, an das wir glauben müssen?“ (ebd.); und er beginnt in seinem Buch „Die Hoffnung der Pandora“ mit Ausführungen über Konstruktion und Wirklichkeit.

Als ersten macht Latour Descartes für die Trennung zwischen Subjekt und Objekt, die eine neue Perspektive auf die Erkenntnis der Wirklichkeit eröffnen sollte, verantwortlich und schreibt: „Schon mein Landsmann Descartes hatte sich gefragt, wie ein isolierter Geist nicht nur relative, sondern *absolute* Gewissheit über irgend etwas aus der Außenwelt erlangen könnte.“ (10) Doch besonders Kant trieb diesen Trennungsprozess voran:

> Unter dem Titel einer „Kopernikanischen Revolution“ erfand Kant einen Sciene-fiction-Alptraum: Die Außenwelt dreht sich um den Geist-im-Gefäß, der die meisten ihrer Gesetze diktiert, Gesetze, die er ohne jede fremde Hilfe sich selbst entnommen hat. Über die Welt der Wirklichkeit herrschte nun ein verkrüppelter Despot. Merkwürdigerweise galt diese Philosophie als die tiefste, da es ihr gelungen war, das Streben nach absoluter Gewissheit aufzugeben und gleichzeitig unter dem Banner „universaler *a prioris*“ beizubehalten – ein geschickter Taschenspielertrick, durch den die verpasste Weggabelung nur noch tiefer im Dickicht verborgen wurde. (13)

Über seine Ablehnung eines „Geist-im-Gefäß“ und der Konstruktion oder „Erfindung einer ´Außen`-Welt“ (10) gelangt Latour zu einer „kopernikanischen Gegenrevolution“ (1998: 104). Er zeigt, dass sein Modell der Bedingungen der Möglichkeiten einer wissenschaftlichen Erkenntnis im Forschungsprozess nicht auf einer Trennung und Reinigung in einerseits einer Subjektseite, dem „Geist-im-Gefäß“, andererseits einer Objektseite, einer Konstruktion der Außenwelt, bestehen kann, sondern auf einem Referenzmodell basiert.

3.2. Ein Referenzmodell

Um dieses Referenzmodell zu verdeutlichen, geht er anhand einer „photo-philosophischen Untersuchung" der epistemologischen Frage nach, „wie sich die Referenz von Sprache und Welt, Diskurs und Sache, Satz und Sachverhalt usf. für die (empirische) Wissenschaftsforschung darstellt." (Gamm: 139) Hierzu zieht er seine Aufzeichnungen, die er während einer bodenkundlichen Expedition ins Amazonasgebiet, die er begleitete, machte, hinzu:

> Die alte Übereinkunft ging aus von einer Kluft zwischen Worten und Welt und versuchte dann einen dünnen Steg über diesen Abgrund zu zimmern. Zwischen zwei völlig verschiedenen ontologischen Bereichen, zwischen Sprache und Natur, sollte eine riskante Korrespondenz hergestellt werden. Ich will zeigen, dass es hier weder Korrespondenz gibt noch eine Kluft, ja noch nicht einmal zwei völlig verschiedene ontologische Bereiche, sondern ein ganz anderes Phänomen: zirkulierende Referenz. (Latour, 2002: 36)

Schritt für Schritt beschreibt er die Prozesse, die die Wissenschaftler vor Ort (Pedologen, Geomorphologen und Botaniker) durchführten, um zu ihren Forschungsergebnissen zu gelangen. Er registriert und dokumentiert alle ihre Arbeitsschritte, Praktiken und Hypothesen. Er verfolgt alle Diskussionen und analysiert ihre Aufzeichnungen. Er beschreibt, wie mit sorgfältigen Markierungsarbeiten des zu untersuchenden Planquadrats begonnen wird, wie es in ein cartesisches Koordinatensystem aufgeteilt wird, wie anschließend Bodenproben entnommen werden und Pflanzen klassifiziert, konserviert und als Belegexemplare aufbewahrt werden und wie diese Belegexemplare und die Bodenproben fernab der Entnahmestelle in den Labors europäischer Universitäten analysiert werden.

Mit Hilfe dieser Aufzeichnungen stützt er seine Theorie der zirkulierenden Referenz. Was ihn interessiert, worauf er seinen Forschungsfokus richtet, ist der Übergang vom Boden zu den Worten:

> Die Sprachphilosophie tut so, als gäbe es zwei Ensembles, die nichts miteinander zu tun haben und durch einen einzigen, radikalen Schnitt getrennt sind [...]. Sie tut so, als müsste man sich darum bemühen, ihn zu reduzieren, indem man nach einer Korrespondenz, einer Referenz zwischen der Welt und den Worten sucht. (2002: 84)

Latour gibt diese Suche nach einer Korrespondenz auf und zeigt, dass die Forschergruppe „bei jedem Schritt auf einen gemeinsamen Operator gestoßen" ist, einen Operator,

> der die Extreme von Materie und Form verbindet und der sich vom folgenden Schritt durch einen Bruch[70] unterscheidet, durch ein *gap*, das durch keinerlei Ähnlichkeit überbrückt werden kann. Diese Operatoren verketten sich zu einer Serie, die *quer* zu der Differenz zwischen den Dingen und den Worten steht. Entlang dieser Serie mischen sich die beiden alten Ensembles der Sprachphilosophie neu: Die Erde wird zu einer Pappschachtel, die Worte

[70] Wittgenstein formuliert dies in seinem Punkt: 5.5303: „Beiläufig gesprochen: Von *zwei* Dingen zu sagen, sie seien identisch, ist ein Unsinn, und von *Einem* zu sagen, es sei identisch mit sich selbst, sagt gar nichts." (80)

> werden zu Papier, die Farben zu Chiffren und so weiter. Wichtig ist, dass diese Kette *reversibel* bleibt. Die Nachvollziehbarkeit der Schritte muss es im Prinzip erlauben, sie in beiden Richtungen auszuführen. (85)

Schritt für Schritt wird ein Transformationsprozess vollzogen, der nur in seiner Gesamtheit verstanden werden kann, da er bei den jeweiligen Übergängen von einem Schritt zum anderen Bruchstellen, gaps, hinterlassen muss. Die einzelnen Teile für sich können demnach keinen Sinn ergeben. Lediglich die Gesamtheit dieser Kette kann einen Wahrheitsanspruch verbürgen, Sinn stiften. Durch eine Unterbrechung dieser Kette „ist auch der Transport, die Produktion, die Konstruktion, gewissermaßen die Leitfähigkeit des Wahren unterbrochen." (86)

Noch eine weitere Eigenschaft kann Latour aufzeigen: „Die Kette hat weder auf der einen noch auf der anderen Seite ein Ende." (ebd.) Bei jedem Schritt innerhalb des Transformationsprozesses vom Gegenstand zum Wort, von der Materie zur Form, wird auf etabliertes praktisches Wissen zurückgegriffen. Neue Operationen, Vermittlungen werden durchgeführt, die durch bereits geprüftes und anerkanntes Wissen begründet werden können. Durch diesen Prozess, durch den neues Wissen über den Forschungsgegenstand und damit neue Eigenschaften von ihm entstehen, gehen gleichzeitig bestimmte Eigenschaften verloren (87/88). Ein Netz an Referenzen, die sich gegen- und wechselseitig aufbauen, entsteht:

> Jeder Schritt ist Materie für den, der folgt, und Form für den, der voraufgeht. Der Bruch zwischen den beiden ist jeweils ebenso deutlich wie der alte Abstand zwischen den alten Worten und den alten Dingen. (90)

Keine einfache, für sich stehende Korrespondenz zwischen Wort und Ding, zwischen Gegenstand und Symbol kann entstehen, da lediglich in der Verbindung der einzelnen Transformationsschritte, in der Gesamtheit der Kette Erkenntnisse über den zu erforschenden Gegenstand gewonnen werden können. Erst ein Netz an Referenzen gibt die Auskünfte über den Gegenstand, die zu einer „wahren", in der scientific community anerkannten Erkenntnis führen können.

Dieses Netz festigt die Verbindung zwischen Materie und Form, zwischen Gegenstand und Zeichen. Doch, unterbricht man die Erweiterung dieses Netzes an einem der beiden Enden oder hält es nicht mehr aufrecht oder trennt es vom Nachschub ab, indem man es an einem beliebigen Punkt zerschneidet, beginnt es zu lügen, denn es kann nicht mehr referieren (92). Die einzelnen Transformationsschritte können nicht mehr nachvollzogen werden, die

Operationalisierungsschritte können nicht mehr begründet werden. Die Brüche werden sichtbar und können nicht mehr erklärt werden, der Sinn geht verloren.

Wenn aber der wissenschaftliche Betrieb diese Übergänge herstellen, immer wieder begründen und aufrecht erhalten muss, um wissenschaftliche Tatsachen sozusagen am Leben zu erhalten, dann hat dies weitere Konsequenzen, die Latour in sein Theoriegebäude integrieren muss. Unter der Überschrift: „der Blutkreislauf der Wissenschaft" (96) verdeutlicht er diesen Prozess der Zirkulation und stellt eine Analogie für die Aufrechterhaltung einer wissenschaftlichen Tatsache mit einem Blutkreislauf her.

3.3. Die Wissenschaft als Blutkreislauf

Hat er bis zu diesem Punkt den diskursiven Anteil seines Programms erklärt, dann integriert er im weiteren Verlauf seines Buches den kollektiven Anteil in dieses Programm. Als Vertreter der Wissenschaftsforschung kann er nicht dabei stehen bleiben, lediglich zu zeigen, welche Bedeutung Ideen, Prinzipien, Erkenntnisse und Methoden für den wissenschaftlichen Betrieb haben, sondern für ihn gilt es in das internalistische Verfahren der Wissenschaft das externalistische - Politik, Recht, Ökonomie, Institutionen und Leidenschaften - einzubauen (102). Anders formuliert:

> Wenn wir den Wegen folgen, auf denen Tatsachen zirkulieren, werden wir das Kreislaufsystem der Wissenschaft Blutbahn um Blutbahn rekonstruieren können. (96)

Um dies besser verdeutlichen zu können, zeigt er, wie Joliot, um sein Projekt eines Atommeilers zu verwirklichen, vorgeht, welche Verträge er schließt, mit wem er Verhandlungen führt, welche Allianzen er eingeht. Hierzu muss er den Bereich des wissenschaftlichen Betriebs verlassen. Übersetzungsoperationen[71] müssen durchgeführt werden. Diese Übersetzungsoperationen stellt er sich folgendermaßen vor:

Joliot möchte der erste sein, dem die Kernspaltung gelingt, von daher geht er Allianzen mit Menschen aus anderen Bereichen ein, so zum Beispiel mit Dautry. Dautry, als Politiker in der Auseinandersetzung mit dem nationalsozialistischen Deutschland, möchte „die Unabhängigkeit Frankreichs im Hinblick auf seine Energieversorgung sichern und seine militärische Abwehrkraft stärken." (105) Beide besitzen ein unterschiedliches „*Ausgangsvokabular*" (ebd.), haben unterschiedliche Interessen. Dennoch können sie ihre Ziele erreichen,

[71] Dies ist ein Begriff, den Latour häufig benutzt. Besonders deutlich erklärt er ihn, 2002: 106/107

wenn sie zusammenarbeiten. Hierzu muss ein gemeinsames Ziel formuliert werden. Das Ausgangsvokabular muss in ein „*Zielvokabular*" (ebd.) übersetzt werden. Nach einer Übersetzungsoperation wird ein neues, gemeinsames Ziel festgelegt: Im Beispielfall benötigen beide Seiten, Wissenschaft und Politik, ein Laboratorium einerseits für die Kernspaltung, andererseits aber auch für die zukünftige nationale Unabhängigkeit. Damit haben beide Seiten ein neues, aber gemeinsames Ziel, ein neues Interesse, das vor der Übersetzungsoperation noch nicht bestanden hatte:

> Man sollte darauf achten, Interessen nicht von vorneherein zu fixieren, denn sie werden „übersetzt". Das heißt, wenn die Ziele eines Akteurs vereitelt werden, schlägt er einen Umweg über die Ziele anderer ein, woraus eine allgemeine Drift resultiert; hierbei wird die Sprache eines Akteurs durch die eines anderen ersetzt. (107)

So wird deutlich, dass das Laboratorium der Kernspaltung nicht nur allein aus der Wissenschaft selbst heraus erklärt werden kann, sondern gesellschaftliche/politische Prozesse zur Erklärung hinzugezogen werden müssen. Um wissenschaftliche Phänomene umfassend zu verstehen, muss die Kette der Übersetzungsoperationen zurückverfolgt und aufgedeckt werden. Eine weitere Vernetzung in Latours Programm hat stattgefunden.

Weitere Schritte müssen aber noch vollzogen werden, damit Joliot zu Ergebnissen gelangt, die in der wissenschaftlichen Welt anerkannt werden. Weitere Transformationsprozesse sind notwendig, um Vermutungen, Hypothesen, Untersuchungen in eine anerkannte wissenschaftliche Tatsache zu verwandeln.

Latour beschreibt dies folgendermaßen: Aus einer vagen Behauptung soll, indem, alle Modalitäten entfernt werden, ein Diktum entstehen. Aus dem Satz:

> Joliot behauptet, dass jedes Neutron drei bis vier Neutronen freisetzt, aber das ist unmöglich; außerdem hat er keinerlei Beweis; er ist viel zu optimistisch; typisch für die Franzosen, sie verteilen das Fell des Bären bevor er erlegt ist; außerdem ist es äußerst gefährlich, denn wenn die Deutschen das lesen, werden sie glauben, dass dies alles möglich ist, und ernsthaft daran arbeiten. (112)

soll das Diktum, das wissenschaftlich anerkannt ist und das man „heute in den Enzyklopädien" (ebd.) findet, entstehen:

> Jedes Neutron setzt jeweils 2,5 Neutronen frei. (ebd.)

In erster Linie muss Joliot seine Kollegen überzeugen. Nur, wenn diese an ihn glauben, von ihm überzeugt worden sind, kann er zu der wissenschaftlichen Anerkennung gelangen, die notwendig ist, damit seine Forschungsergebnisse den Status eines Diktums erreichen können. Besonders wichtig dabei ist, dass es ihm gelingt, die Modalitäten abzuschütteln (113), die ihm von den anderen Forschern, seinem sozialen Kollektiv, unterstellt werden und die zeigen, dass diese noch an ihm zweifeln. Er muss somit erstens versuchen, sich Schritt für Schritt, asymptotisch dem wahren Sachverhalt anzunähern (ebd.) und diesen verdeutlichen und zweitens benötigt er ein Instrument, das nicht nur sprachlich und damit mit Hilfe von rhetorischen Mitteln überzeugt, sondern es muss seine Ergebnisse sozusagen sichtbar machen können.

In der naturwissenschaftlichen Forschung bietet sich als ein solches Instrument das Experiment an. Über ein Experiment soll ein Ereignis erzeugt werden, das einen klaren, sichtbaren und damit nachvollziehbaren Beweis liefert, der die anderen überzeugen kann. Dabei spielen nicht nur Menschen eine Rolle, sondern auch nicht-menschliche Wesen. Diese sind Bestandteile des Experiments und treten als Zeugen auf. Sie sollen mit ihren „Aussagen" unwiderlegbare Beweise liefern:

> Diese nicht-menschlichen Wesen, die keine Seele haben, denen man jedoch einen Sinn zuspricht, sind sogar zuverlässiger als die gemeinen Sterblichen, denen man zwar einen Willen zuspricht, die aber unfähig sind, Phänomene auf zuverlässige Weise anzuzeigen. (1998: 36)

Oder anders ausgedrückt:

> Dinge mobilisieren und Menschen disziplinieren, Menschen disziplinieren und dadurch Dinge mobilisieren: Das ist ein neuer Weg, um zu überzeugen, der auch manchmal wissenschaftliche Forschung genannt wird. (2002: 116)

Lag bei Kant der Gerichtshof noch in der Vernunft, die prüft, ob die Natur den Gesetzen, die im Gedankenexperiment entworfen wurden, folgen kann, dann wird hier die Verschiebung besonders deutlich. Bleibt man im Bild der Gerichtsverhandlung, dann werden die Rollen der Richter und Zeugen neu verteilt, Menschen und nicht-menschliche Wesen treten in Aktion, der Gerichtshof ist nicht mehr innerhalb der Vernunft angesiedelt. Das Experiment mit seinen Instrumenten soll die scientific community überzeugen und kann erst dann eine gültige, anerkannte wissenschaftliche Tatsache generieren.

Latour bleibt an dieser Stelle mit seinen Ausführungen über den „Blutkreislauf der Wissenschaft" immer noch nicht stehen. Er zeigt nun weiter, wie dieser den Ausgangspunkt für den „Kreislauf wissenschaftlicher Tatsachen" bildet. Er schildert im weiteren Verlauf seines Buches, wie nicht nur Kollegen überzeugt werden müssen und wie auch das Interesse der Militärs, Politiker und Industriellen geweckt werden muss, sondern auch wie der Öffentlichkeit ein positives Bild von der wissenschaftlichen Tätigkeit gezeichnet werden muss, um weiterarbeiten zu können (119). Nur, wenn es Joliot gelingt, dieses Netz aufrecht zu erhalten, Bindeglieder und Knotenpunkte zu bilden, nur dann kann er an seinem Projekt weiterarbeiten, nur dann kann sein Referenzsystem bestehen bleiben. Zur Konsequenz hat dies, dass nicht nur immer mehr menschliche Wesen, sondern auch immer mehr nicht-menschliche Wesen in den Diskurs eingebunden werden (120), ein Kollektiv bilden.

Hat Latour bis hierher gezeigt, was er damit meint, dass die Netze entworren werden und neu zusammengeknüpft werden müssen und dass es sich herausstellen wird, dass sie sowohl sozial als auch Diskurseffekte sind, dann muss er nun noch beweisen, dass sie auch objektiv bzw. wirklich sind.

Was er damit meint, schildert er in seinem vierten Kapitel: „Von der Fabrikation zur Realität" (137).

3.4. Die Herstellung von Realität

Obwohl Latour bisher vorgeführt hat, wie über seine Theorie der zirkulierenden Referenz und seine weiteren Ausführungen über die Kollektive die Beziehung zwischen Subjekt und Objekt neu gedacht werden muss, bleibt dennoch, der Verdacht bestehen, dass seine Theorie bei der Konstruktion von Tatsachen, bei der Fabrikation von Erkenntnis stehen bleibt, und: „Allzuoft lautet die Schlussfolgerung, dass etwas Fabriziertes auch falsch sein muss; und wenn etwas konstruiert ist, es dekonstruierbar sein muss." (139)

Mit dieser Aussage würde aber der Wahrheitsanspruch der Wissenschaft verloren gehen und genau dies möchte Latour verhindern. Zu diesem Zwecke inszeniert er ein Drama über die Forschungsarbeiten von Louis Pasteur. Dieses Drama besteht genaugenommen aus zweien:

> Im ersten werden der Status eines nichtmenschlichen Wesens sowie der eines Menschen verändert. Eine Nicht-Entität, ein Aschenputtel der chemischen Theorie, verwandelt sich darin in eine prächtige Gestalt. Parallel dazu triumphiert Louis Pasteur – der Märchenprinz – mit seiner Überzeugung gegen alle Widerstände und stößt Liebigs Theorie um. „Der Stein, den die Bauleute verworfen haben, ist zum Eckstein geworden." Und dann ist da noch ein zweites Drama, diesmal ein gedankliches, ein Rätsel, das erst gegen Ende auftaucht: Wer konstruiert die Tatsachen, wer führt Regie, wer zieht die Strippen? Sind es die Vorurteile des Wissenschaftlers oder die nichtmenschlichen Wesen? Zum ontologischen Drama tritt so ein epistemologisches. (140)

Obwohl es in der Mitte des 19. Jahrhunderts in dem von der Chemie Liebigs geprägten wissenschaftlichen Milieu einen Rückschritt[72] bedeutete, zur Erklärung der Fermentierung einen spezifischen Mikroorganismus heranzuziehen (140/141), wird Pasteur beweisen, dass die Hefe „eine voll entwickelte, eigenständige Entität" ist, „die zu einer Klasse ähnlicher Phänomene gehört; [...]."(141) Damit wird sich am Ende seiner Überzeugungsarbeit zeigen, dass die Hefe einen neuen ontologischen Status erhalten hat. Zudem wird sich herausstellen, dass auch Pasteur zu einem anderen wurde, denn er wurde/wird zu einer neuen wissenschaftlichen Größe.

Latour beginnt mit dem ersten Drama, in dem er zeigt, dass zu Beginn der Forschungsarbeiten keine Substanz vorlag, sondern lediglich Attribute, aus denen noch nichts Genaues herauslesbar war.

3.4.1. Die Entstehung der Substanz

Aus Pasteurs Aufzeichnungen[73] geht hervor, dass zu Beginn seiner Arbeiten nicht wirklich etwas unter dem Mikroskop zu erkennen war, dass damit anfangs sogar die Existenz einer neuen Substanz nicht unbedingt vorausgesetzt werden konnte (143). Nur „mit einer Wolke flüchtiger Wahrnehmungen, die noch keine Prädikate einer zusammenhängenden Substanz darstellen," (ebd.) hatte Pasteur es zu tun. Obwohl noch keine bestimmte Substanz festzustellen war, konnte Pasteur über eine Reihe von Laborversuchen bestimmte Eigenschaften ermitteln, die dieser Substanz zugeschrieben werden konnten: „Noch wissen wir nicht, was *es ist*, doch wir wissen aus den durchgeführten Laborversuchen, was *es tut*. Eine Reihe von Performanzen geht der Definition der Kompetenz *voraus*, die später zur Ursache ebendieser Performanzen werden wird." (144)

Diese Eigenschaften sind „auf der Suche nach der Substanz, deren Eigenschaften sie sind." (ebd.) Doch weitere Versuche waren erforderlich, um dieser Substanz zu einem ontologi-

---

[72] „Denn gerade durch ihre Befreiung von den obskuren vitalistischen Erklärungen hatte die Chemie soeben wissenschaftliches Bürgerrecht erlangt." (Latour, 1996: 93)

[73] In meiner Arbeit sollen Pasteurs Aufzeichnungen nicht zitiert werden. Latour allerdings stützt sich auf diese: „Mémoire sur la fermentation appelée lactique". – Er (2002) schreibt hierzu: „Teilweise ins Englische übersetzt von J.B. Conant in den *Harvard Case Studies in Experimental Science* (Conant 1957). Die Übersetzung wurde von mir an mehreren Stellen vervollständigt und verändert." (139)

schen Status zu verhelfen, um von einem „Aktionsnamen“[74] zu einem „Dingnamen“[75] zu gelangen. Gerade weil Pasteur eine Vermutung hatte, die sich gegen die Chemie Liebigs absetzte, musste er weitere Beobachtungen anstellen und weitere Experimente durchführen, um zu einer neuen Substanz zu gelangen. Neue Fragen mussten an sie gestellt werden. Wie agiert sie? Über welche Kompetenzen verfügt sie? Wie kann man diese Kompetenzen so in Laborversuche übersetzen, dass sie sich in verschiedenen Performanzen „äußern“ oder „manifestieren“ können? (145) „Und im Hauptabschnitt seines Berichts zögert Pasteur nicht. Was er zur Hand hat, setzt er ein, um das noumenale Substrat dieser Entität zu stabilisieren und ihr ein der Bierhefe vergleichbare Aktivität zuzuschreiben.“ (ebd.)

Mit diesem entscheidenden Schritt hat Pasteur „den Ursprung aller Aktionen auf die Hefe verlagert.“ (146) Aber auch damit gibt er sich noch nicht zufrieden. Obwohl er feststellen kann, dass er etwas gefunden hat, das schon immer von Käseherstellern, ohne dass sie es wussten, gezüchtet wurde (ebd.), geht er weiter. Er verwandelt „diese neugeformte Entität in den ′besonderen Fall` einer ganzen Klasse von Phänomenen. Jetzt lassen sich die ′allgemeinen Bedingungen` für das weitverbreitete Phänomen der Gärung definieren.“ (146)

Zusammenfassend lässt sich damit feststellen, dass Pasteur es anfangs mit etwas zu tun hatte, dem nicht unbedingt eine existierende Entität zugesprochen werden konnte. Nachdem aber einige Daten erfasst wurden, erst ein Aktionsname und dann ein Dingname entstand, gelangte Pasteur nicht nur zu einem vereinzelten Gegenstand, sondern zu einer klar definierbaren Gattung.

> Die Zirkulation der Referenz bringt uns hier [...] von einem ontologischen Status zum nächsten. Es ist nicht länger nur der Mensch, der Information durch Transformation transportiert, sondern nichtmenschliche Wesen tun dies ebenfalls, wenn sie sich unter der Hand aus kaum existierenden Attributen in eine vollgültige Substanz verwandeln. (146)

Erneut konnte Latour zeigen, dass in das Kollektiv nicht nur Menschen, sondern immer mehr nicht-menschliche Wesen einbezogen werden. Diesen nicht-menschlichen Wesen soll

[74] Latour (2002) definiert diesen Begriff in seinem Glossar folgendermaßen : „Ein Ausdruck, der verwendet wird, um jene merkwürdigen Situationen zu beschreiben – wie beispielsweise Experimente - , in denen ein Akteur aus Versuchen hervorgeht. Der Akteur ist noch kein Wesen. Es definiert sich nur durch eine Liste von Wirkungen – bzw. Performanzen – in einem Laboratorium. Erst später wird aus diesen Performanzen eine Kompetenz abgeleitet, das heißt eine Substanz, die erklärt, warum der Akteur sich so verhält. Der Terminus ′Aktionsname` soll an den pragmatischen Ursprung aller Tatsachen erinnern.“ (372)

[75] Evelyn Fox Keller beschreibt diesen Vorgang und die Konsequenzen (und Grenzen) daraus in ihrem Buch: „Das Jahrhundert des Gens“ sehr eindrucksvoll für das Gen.

ein neuer Status zugesprochen werden. Latour möchte nun darstellen, dass es sich hierbei um Akteure handelt und bezieht sich dabei auf den Grundsatz des Pragmatismus[76].

3.4.2. Ereignisse

Zunächst stellt er die Frage: „Wieso wird ein Akteur durch Versuche definiert?" und gibt die Antwort: „Weil es keinen anderen Weg gibt, einen Akteur zu definieren als durch seine Aktion, und keinen anderen Weg, eine Aktion zu bestimmen, als sich zu fragen, wie die jeweils interessierende Figur andere Akteure verändert, transformiert, stört oder hervorbringt." (148)

Diese Aussage soll auf unterschiedliche Akteure angewandt werden. Er schreibt:

> Dieser Grundsatz des Pragmatismus lässt sich übertragen auf (a) das Ding selbst, das bald als „Ferment" bezeichnet werden wird; (b) die Geschichte, die Pasteur seinen Kollegen von der Akademie der Wissenschaften erzählt; und (c) die Reaktionen von Pasteurs Diskussionspartnern auf diese Geschichte, die bislang nur in einem schriftlichen Text besteht. Pasteur ist gleichzeitig mit *drei* Versuchen beschäftigt, die wir zunächst *unterschieden* und dann aneinander *anschließen* wollen, indem wir uns am inzwischen vertrauten Begriff der zirkulierenden Referenz orientieren. (148)

Mit drei Versuchen hat es Pasteur[77] zu tun, in denen sich etwas ereignet, das die einzelnen Akteure so verändert, dass sie im Verlauf der Forschungsarbeiten neu definiert werden müssen.

Zunächst einmal handelt sein Versuch, seine Geschichte von Figuren, die noch nicht genauer analysiert werden können, von denen lediglich bestimmte Leistungen, Wirkungen, Effekte bekannt sind. Da für Pasteur, wenn man ihn wie Latour darstellen möchte, das Wesen einerseits in der Existenz besteht, zudem aber Existenz Handeln ist, ist die Erfindungsgabe eines Experimentators (ebd.) gefragt, um über die Leistungen und Handlungen

---

[76] Dieser Grundsatz des Pragmatismus wird anschließend zitiert. Allerdings soll bereits an dieser Stelle darauf hingewiesen werden, dass, ob Latour sich tatsächlich auf den Pragmatismus bezieht und ob dieser Grundsatz eine gültige Transformation der pragmatischen Maxime von Peirce darstellt, genauer untersucht werden müsste.

[77] Gamm schreibt über die Vorgehensweise von Latour: „Die sozialpragmatische Erweiterung des Blicks auf die Wissenschaften als eines institutionalisierten Systems von Handlungen und Interaktionen (*science in practice, science as practice*) hat gleichzeitig dazu beigetragen, auch Anschlüsse an andere wissenschaftliche Traditionen und Disziplinen wie die Wissenssoziologie oder die Diskursanalyse (wieder-) zugewinnen. In dem Maße freilich, wie die Wissenschaftsforschung ihren historisch geschulten und soziologisch ausgelegten Blick auf die Wissenschaften vertieft hat, wurden die normativen Fragen ausgeklammert oder fallen gelassen, die für die analytische (wie die kritische) Wissenschaftstheorie im Mittelpunkt ihres Interesses gestanden hatten: [...] In veränderter Form kehren diese Fragen – wenngleich noch implizit – auch in die Wissenschaftsforschung zurück." (132)

des Untersuchungsgegenstandes den Gegenstand selbst genauer bestimmen zu können, um ihm zu einer/seiner Existenz zu verhelfen. Der Experimentator, der Forscher muss ein Experiment entwerfen, durch das der jeweilige Aktant[78] zu einer Mitwirkung in neuen und unerwarteten Situationen gebracht wird. Er soll zum Handeln herausgefordert werden, um seine Existenz zu beweisen. Gelingt dies, dann muss er gleichzeitig in dieser Aktion neu definiert werden, denn neue Eigenschaften, Kompetenzen, die vor dem Experiment noch nicht vorhanden waren, können ihm zugesprochen werden. (ebd.)

Die Geschichte, die Pasteur zu Beginn erzählt, gehört noch in den Bereich der Sprache und „ist den Prüfungen eines Helden im Märchen oder Mythos vergleichbar". Das Experiment mit seiner Neudefinition ist eine Situation und „besteht aus nonverbalen, nichtsprachlichen Komponenten (Glaskolben, Hefen, Pasteur, Laborgehilfen)." (ebd.) Zwei voneinander getrennte Bereiche, der verbale und der non-verbale, bei denen es sich vorerst um zwei konträre Bereiche handelt, die noch nichts miteinander zu tun haben, sollen verbunden werden.

Genau hierzu verwendet Latour eine weitere Gruppe von Akteuren. Ein weiterer Versuch muss durchgeführt werden. Waren bisher nur Pasteur mit seinem Labor und die Hefe als Akteure aufgetreten, dann betreten nun die Diskussionspartner die Szene (des Latourschen Dramas). Denn, wenn Pasteur die Akademiemitglieder davon überzeugen will, „dass seine Geschichte nicht bloß eine Geschichte ist, sondern sich *unabhängig* von seinen Wünschen und seiner Phantasie ereignet hat," (149) dann muss er auch beweisen, dass die Kompetenz des Ferments nicht nur in seinem Labor mit seiner Geschicklichkeit erzeugt werden kann, sondern dass diese Kompetenz die Kompetenz des Ferments ist und auch außerhalb des Experiments Geltung beanspruchen kann.

Wie ich schon oben aufgezeigt habe, kann nur mit Hilfe aller drei Komponenten aus einer einfachen Beobachtung über ein Experiment und damit über die Anerkennung der wissen-

---

[78] auch für diesen Begriff liefert Latour (2002) in seinem Glossar eine eigene Definition: „Akteur, Aktant (acteur, actant): Der große Vorteil der Wissenschaftsforschung liegt darin, dass sie durch ihr Studium der Laborpraxis viele Fälle für die Emergenz eines Akteurs anbietet. Anstatt mit Entitäten zu beginnen, die schon Bestandteil der Welt sind, wird die Aufmerksamkeit auf die komplexe und kontroverse Natur des Prozesses gelenkt, in dem ein Akteur zu existieren anfängt. Der Schlüssel liegt darin, den Akteur durch sein Verhalten zu definieren, wenn er Versuchen im Labor unterworfen wird – durch seine Performanzen. Daraus wird später seine Kompetenz abgeleitet und zum Bestandteil einer Institution gemacht. Da 'Akteur' im Englischen (wie auch im Deutschen) oft auf Menschen beschränkt ist, wird manchmal das aus der Semiotik entlehnte Wort 'Aktant' verwendet, um nicht-menschliche Wesen in die Definition einzubeziehen." (372)

schaftlichen Gemeinschaft eine wissenschaftliche Tatsache entstehen. Erst, wenn auch der letzte Schritt vollzogen ist, wenn es dem Experten, dem *„ex-peritus"* (151), gelingt, sich selbst aus der Handlung herauszunehmen, kann dem Ferment eine neue Kompetenz im wissenschaftlichen Sinne zugesprochen werden (ebd.).

Das Experiment im Labor hat damit, wenn es nur für sich allein bestehen bleibt, keine Bedeutung, erst, wenn alle drei Versuche durchgeführt wurden, kann entschieden werden, ob die Forschungsarbeiten Pasteurs erfolgreich, im Sinne von wissenschaftlich anerkannt, sind. Latour kann hier seine Theorie der zirkulierenden Referenz erneut anwenden, denn die Genauigkeit der Aussagen beruht nicht „auf einem Sachverhalt dort draußen, sondern auf der Nachprüfbarkeit einer Reihe von Transformationen" (149) und wie diese Nachprüfbarkeit anderen plausibel vorgeführt werden kann.

Eine Geschichte, ein Mythos, von Pasteur erzählt, führt zu einem Experiment, in dem er zusammen mit seinem Labor und der Hefe in eine neue Situation gestellt und zu neuem Handeln herausgefordert werden. Eine zunächst nur verbale Darstellung wird über verschiedene Stufen in eine non-verbale, experimentale Situation überführt. Hierzu müssen neue Referenzsysteme gefunden werden, die so anerkannt sind, dass sie auch die Akademiemitglieder überzeugen können.

Deutlich wird damit aber auch, dass sich Latour gegen die Annahme wehrt, dass ein Experiment als Nullsummenspiel dargestellt werden kann, denn: „Wenn dem so wäre, wenn also jeder Output einem Input entspräche, dann käme nichts aus einem Labor, was nicht vorher hineingegeben worden ist." (151) Doch genau dies kann auf sein Verständnis von einem Experiment nicht zutreffen. Wie er gezeigt hat, verändern sich die einzelnen Akteure, die am Experiment beteiligt sind, im Verlaufe von diesem. Sowohl Pasteur als auch die Hefe als auch die Akademiemitglieder befinden sich in einer neuen Situation, die durch das Experiment hervorgerufen wurde. Ihnen können/müssen nach dem Experiment andere Eigenschaften, andere Dispositionen, andere Verhaltensweisen und damit andere Kompetenzen zugeschrieben werden. Alle müssen neu definiert, bestimmt werden. Latour kann damit das Experiment, wie er es aus Pasteurs Berichten herausliest, als Ereignis[79] bezeichnen.[80]

---

[79] auch an dieser Stelle soll auf Latours (2002) Ausführungen im Glossar über den Begriff „Ereignis" hingewiesen werden: „Dieser von Whitehead entlehnte Begriff soll den Gedanken der Entdeckung und seine sehr

Schon hier weist Latour darauf hin, dass man vermuten muss, dass es nicht nur eine Geschichte der Wissenschaftler, sondern auch eine Geschichte der Wissenschaft, aber vor allen Dingen eine Geschichte der Dinge gibt. Auf dieses Thema, der Geschichtlichkeit der Dinge, soll erst später eingegangen werden, denn an dieser Stelle angekommen, inszeniert Latour sein zweites Drama. Er beschreibt den Konflikt zwischen Konstruktivismus und Realismus und versucht diesen zu lösen

3.4.3. Ein Lösungsversuch für den Konflikt zwischen Konstruktivismus und Realismus

Bei diesem Konflikt geht es zunächst einmal darum, die Frage zu beantworten „wie wir gleichzeitig auf der Künstlichkeit der Laborumgebung bestehen können und auf der Autonomie der innerhalb der Laborwände ´gemachten` Entität?“ (153/154) Da Pasteur ein Experiment konstruierte, um die Eigenschaften und Kompetenzen des Ferments sichtbar zu machen, erscheinen diese Eigenschaften zunächst einmal als konstruiert und nicht als wirklich. Latour möchte zeigen, dass diese konstruierten Eigenschaften im Labor erstaunliche Aussagen zulassen, wenn er sie mit dem Problem der Wirklichkeit konfrontiert. Er schreibt:

> Denn diese sind nicht nur hergestellt und gleichzeitig wirklich; sondern gerade weil sie künstlich gemacht sind, gewinnen sie völlige Autonomie gegenüber jeder Art von Produktion, Konstruktion oder Fabrikation. (154)

Dies möchte er dadurch verdeutlichen, indem er zeigt, wie der gefundene Stoff, die gefundene Tatsache zu einer Autonomie gelangt. In seinen Experimenten übernimmt Pasteur zum Teil unverändert Verfahren, die in der wissenschaftlichen Welt bereits bekannt und anerkannt waren, diese werden damit „durch ´blackboxing` als gesicherter Hintergrund verwendet.“ (158) Andere Experimente hingegen werden in den Vordergrund gerückt und durchlaufen Veränderungen (ebd.). Ein Vergleich mit den technischen und epistemischen Dingen bei Karin Knorr Cetina liegt auf der Hand. Die technischen Dinge, als definierte, feststehende Entitäten liefern die Rahmenbedingungen, in denen das epistemische Ding, der zu erforschende Gegenstand, sichtbar gemacht werden soll.

---

unplausible Geschichtsphilosophie ersetzen (denn dort bleibt das Objekt unbeweglich, und der Geschichtlichkeit der menschlichen Entdecker kommt die gesamte Aufmerksamkeit zu). Ein Experiment als Ereignis zu definieren, hat Konsequenzen für die Geschichtlichkeit aller seiner Zutaten, einschließlich der nichtmenschlichen, aus denen die Umstände des Experiments bestehen [...].“ (374)

[80]Vor allen Dingen weil Pasteur sich gegen die damals gängige Chemie Liebigs absetzte und damit ein Umdenken in den Laboratorien auslöste, ist die Liste der Inputs eine ganz andere als die Liste der Outputs, und: „Gerade deshalb ist ein Experiment ein Ereignis und keine Entdeckung, kein Freilegen, kein Aufzwingen, kein synthetisches Urteil *a priori*, keine Aktualisierung einer Potentialität und so weiter.“ Vgl. Latour (2002: 153)

Diese unterschiedlichen Verfahren werden von Pasteur bei seinen Forschungsarbeiten zu unterschiedlichen Zeiten verwendet: Zu Beginn der Forschung steht der Chemiker mit seinen bewährten Methoden im Vordergrund, der ontologische Status der zu findenden Entität ist noch nicht gesichert. Doch in dem Moment, in dem Pasteur feststellt, dass hier eine charakteristische Milchgärung vorliegt, wird die „Aufmerksamkeit des Lesers“ vom Chemiker weg zum Ferment hin verschoben.

Die Milchsäurehefe fällt in Latours Drama aus dem bisher anerkannten Bezugsrahmen, der Chemie Liebigs, heraus, der Regisseur, der Forscher tritt nach und nach aus dem Rampenlicht zurück und verlässt zu guter Letzt ganz die Bühne.[81] Der Leser „*sieht* eine Fermentierung, die mitten auf der Bühne *unabhängig* von irgendeiner Tätigkeit oder Konstruktion Gestalt annimmt.“ (159) Sie wird zu einer neuen Mikrobenkultur, die wachsen kann und Nahrung benötigt. Wer aber ist Autor dieses Geschehens? Pasteur, die Hefe, die Akademiemitglieder?

> Wie wir im vorigen Abschnitt gesehen haben, wird Pasteur, wenn ihm seine Kollegen von der Akademie nicht glauben, zum alleinigen und einsamen Autor eines Werkes der *Fiktion*. Wenn dagegen die ganze Versuchsordnung der Nachprüfung durch die Akademie standhält, wird der Text selbst schließlich von der Hefe autorisiert sein, deren wirkliches Verhalten dann den ganzen Text beglaubigt und gewissermaßen *unterschreibt*. (160)

Nur wenn alle Akteure zusammenarbeiten, wenn jeder jeden anerkennt und unterstützt, können Pasteurs Arbeiten über die Hefe zu wissenschaftlichen Tatsachen werden. Damit ist gerade das Experiment der Ort, der, obwohl vom Experimentator konstruiert, der Hefe zu ihrer Autonomie, zu ihrer Unabhängigkeit, zu ihrer Existenz außerhalb des Labors verhilft.

---

[81] Nordmann (2002) zeigt dies an anderen Beispielen in seinem Artikel: „Die im Lichte sieht man nicht? (Nackte Tatsachen in der Wissenschaftskritik)“. In diesem Aufsatz zeigt er: „Zu Wissenschaftskritik, so meine These, gehört nämlich mehr als der Nachweis, dass wissenschaftliche Erkenntnis erst in Bezug auf spezifische Wissenskulturen Gültigkeit erlangt. Stattdessen muss Wissenschaftskritik wie Gesellschaftskritik Kritik an der Wirklichkeit sein, Kritik an den geschaffenen Tatsachen – mit dem Bewusstsein allerdings, dass aus guten Gründen nichts so gut der Kritik standhält wie die Wirklichkeit mit ihren harten, ihren geistes- und willensunabhängigen Tatsachen. Aber auch die Umkehrung des Verhältnisses muss anerkannt werden, dass nämlich die gesellschaftlichen oder naturwissenschaftlichen Tatsachen ihre Entstehungs- und Bedeutungszusammenhänge kritisieren.“ (47). Im weiteren Verlauf zeigt er, um diese These zu festigen und zu beweisen, wie Lavoisiers Arbeiten, besonders seine Erfindung der Waage und die Bilder, die überliefert wurden, zeigen, wie Lavoisier und sein Labor zurücktraten und die gefundenen wissenschaftlichen Tatsachen in den Vordergrund rückten. Er schreibt: “Dieser Gebrauch der Waage ist eine Erfindung Lavoisiers wie auch die Fundierung allen Experimentierens auf dem Materieerhaltungssatz, einem Satz, den Lavoisier im Kantschen Sinne Kunst und Natur vorschrieb, ohne ihn etwa für eine empirisch wahre Verallgemeinerung halten zu können. Und doch ist es gerade diese Erfindung Lavoisiers, die es ihm erlaubt, hinter das objektive Urteil der Waage zurückzutreten, sich und seine Erfindungskraft unsichtbar zu machen. Lavoisier konstruiert Objektivität, nicht nur indem er im Labor neue Phänomene demonstriert, sondern vor allem, indem er die von seiner Person abgetrennte Gerichtsbarkeit von Waage und Masseerhaltungssatz etabliert: Nicht er, sondern die Waage urteilt, ob das Phänomen die Theorie bestätigt.” (58/59)

Was aber an dieser Stelle auch besonders deutlich wird, ist, dass ontologische Fragen nicht von epistemologischen getrennt werden können. Erst über die epistemologischen Untersuchungen, aufgrund der sorgfältigen und geschickten Arbeit im Labor (163), gelangt die Milchsäurehefe zu einem ontologischen Status, der zuvor noch nicht vorhanden war.

3.4.4. Der Versuch einer Neuverteilung der Sprachfähigkeit zwischen Menschen und nichtmenschlichen Wesen

Geht man nun davon aus, dass die Aussage von Latour:

> Genaugenommen scheint er [Pasteur] zu sagen, dass gerade aufgrund seiner sorgfältigen und geschickten Arbeit im Labor das Ferment autonom, real und unabhängig von irgendeiner Arbeit seinerseits wird, (ebd.)

wie sie vorher dargestellt wurde, stimmt, dann können die Aussagen, dass das Ferment im Labor fabriziert wurde und dass das Ferment autonom gegenüber seiner Fabrikation ist, nicht als paradox angesehen werden. Sondern erst zusammen gelangen sie zu der Gültigkeit, die für die Ausführungen von Latours Konzept notwendig sind.

Um die Konsequenzen daraus besser darstellen zu können, um eine Redefigur zu finden, die diesen „merkwürdigen konstruktivistischen Realismus" (164) besser verstehen lässt, untersucht Latour unterschiedliche Metaphern hinsichtlich ihrer Nutzen und Schwächen (169). Mit keiner dieser Metaphern ist er zufrieden, denn alle geben die „Aufteilung zwischen einem sprechenden Menschenwesen und einer stummen Dingwelt" nicht auf (170). Latour sucht nach einem Aussagensystem, das keine Welt „dort draußen" postuliert, das nicht die Kluft zwischen Sprache und Welt lediglich über eine Korrespondenz überwinden kann, sondern mit Hilfe eines Referenz-Modells die Sprachfähigkeit zwischen den Menschen und nicht-menschlichen Wesen neu verteilt (171).

Für dieses neue Modell für die Beziehungen zwischen Menschen und nicht-menschlichen Wesen schlägt Latour das Propositionen-Modell[82], das er von Alfred North Whitehead übernimmt, vor:

[82]Obwohl das folgende Zitat über die Propositionen sehr ausführlich ist, soll doch noch Latours Definition aus dem Glossar angeführt werden: "Ich verwende diesen Ausdruck nicht in der epistemologischen Bedeutung eines Satzes, der wahr oder falsch sein kann (dafür reserviere ich das Wort ´Aussage` - statement), sondern im ontologischen Sinne: eine Proposition ist das, was ein Akteur anderen Akteuren anbietet. Damit wird Entitäten das Vermögen zugestanden, sich untereinander durch Ereignisse zu verknüpfen; der Preis für analytische Klarheit – von der Welt getrennte Worte, die dann durch Referenz und Urteil wieder mit ihr verknüpft werden

Propositionen sind weder Aussagen noch Dinge, noch irgendein Zustand zwischen beiden. An erster Stelle sind sie Aktanten. Pasteur, das Milchsäureferment, das Labor sind allesamt Propositionen. Was Propositionen voneinander unterscheidet, ist nicht ein *einziger* vertikaler Abgrund zwischen Worten und Welt, sondern sind die *vielen* Differenzen zwischen ihnen, ohne dass sich *im vorhinein* wissen ließe, ob diese Unterschiede groß oder klein sind, provisorisch oder definitiv, aufhebbar oder unaufhebbar. Dies wird ja auch durch das Wort „Propositionen" nahelegt. Es sind keine Positionen, keine Dinge, Substanzen oder Wesenheiten, die zu einer aus stummen Objekten bestehenden Natur gehören und einem redseligen menschlichen Geist gegenüberstehen, sondern eben „Vor-schläge", d.h. *Gelegenheiten*, die sich verschiedenen Entitäten bieten, miteinander in Kontakt zu treten. Diese Gelegenheiten zur Interaktion ermöglichen den Entitäten, ihre Definitionen im Verlauf eines Ereignisses – im vorliegenden Falle eines Experiments – zu verändern. (171/172)

Ausgehend von dem Problem, dass Sachverhalt und Aussage, Welt und Sprache nicht wirklich miteinander korrespondieren können, sondern immer, wie schon oben gezeigt, bei der Transformation der einen Seite in die andere ein Graben, ein Bruch entsteht, spielt beim Propositionen-Modell die Sprache eine ganz neue Rolle. Die Artikulation[83], die über Propositionen hergestellt wird, beschränkt sich, keineswegs nur auf die Sprache, und „lässt sich nicht nur auf Worte, sondern ebenso auf Gesten, Forschungspapiere, experimentelle Anordnungen, Instrumente, Feldforschungsstätten oder Versuche anwenden." (172) Damit können Propositionen Differenzen artikulieren, „die neue Phänomene sichtbar machen." (173)

Zu sagen, dass „Milchsäurefermentierung", das Wort, *wie* Milchsäurefermentierung, die Sache, ist, führt nicht sehr weit. Doch zu sagen, dass Milchsäurefermentierung *als* lebender Organismus *behandelt* werden kann, so spezifisch wie Bierhefe, eröffnet ein völlig neues Zeitalter in den Beziehungen zwischen Wissenschaft, Industrie, Fermenten und Gesellschaft im 19. Jahrhundert. (ebd.)

Die starren Grenzen von Objekten werden aufgelöst, die Entitäten sind nicht mehr „stumm, unbekannt und unbestimmt" (ebd.). Immer mehr Einzelheiten werden über sie bekannt. Durch die Kunstgriffe des Labors werden diese immer besser artikulierbar. Je mehr über ein Ding zu sagen ist, „und was von mehr und mehr Leuten gesagt wird, gewinnt an Glaubwürdigkeit." (174)

Doch nicht nur über das Ferment kann mehr gesagt werden, auch „das Feld der Biochemie wird, in jeder Bedeutung des Wortes, 'artikulierter' - und so auch die Biochemiker. Ja,

– wäre höher und würde letztendlich mehr Dunkelheit produzieren. Diese ontologische Bedeutung des Wortes wurde von Whitehead entwickelt."(379)

[83] Auch für diesen Begriff liefert Latour in seinem Glossar eine eigene Definition: „Wie der Begriff Übersetzung nimmt auch dieser die Stelle ein, die durch die Dichotomie zwischen Subjekt und Objekt oder zwischen Außenwelt und Geist frei gelassen worden ist. Artikulation ist keine Eigenschaft der menschlichen Rede, sondern eine ontologische Eigenschaft des Universums. Damit lautet die Frage nicht länger, ob Aussagen sich auf einen Sachverhalt beziehen oder nicht, sondern ob Propositionen gut artikuliert sind oder nicht." (373)

dank Pasteurs Ferment beginnen sie sogar als Biochemiker überhaupt erst zu existieren." (ebd.)

Weil das Labor die Ereignisse produzieren kann, die es produziert, verändert sich sowohl der Untersuchungsgegenstand als auch der Wissenschaftler als auch das Umfeld des Wissenschaftlers: „Durch den Begriff der artikulierten Propositionen werden zwischen Erkennendem und Erkanntem ganz andere Beziehungen als in der traditionellen Sicht hergestellt [...]." (ebd.) Ist dies für das wissenschaftliche Umfeld[84] plausibel, so sieht Latour seine Aufgabe darin, die Bedeutung seines Modells für die Dinge besonders herauszuheben und ihnen damit eine Geschichtlichkeit[85] zuzuschreiben, denn nur wenn ihm dies gelingt, kann er die Trennung, die Aufspaltung in ontologische und epistemologische Fragen (176), überwinden und damit sein Konzept verwirklichen.

Von daher stellt er eine weitere Frage: „Wo waren die Mikroben vor Pasteur?" (175) Er gibt selbst die Antwort, denn diese kann nur lauten: „Nein, sie existierten nicht, bevor er daherkam." (ebd.) Warum Latour diese Antwort gibt, soll im nächsten Kapitel bearbeitet werden.

3.4.5. Die Dinge und ihre Geschichtlichkeit

Zunächst setzt sich Latour noch einmal gegen die Korrespondenztheorie ab, denn:

> In der Korrespondenztheorie der Wahrheit sind die Fermente entweder dort draußen, oder sie sind es nicht, und wenn sie dort draußen sind, sind sie es immer schon gewesen; befinden sie sich nicht dort draußen, so sind sie es auch nie gewesen. [...] Wenn Objekte bloß als unbewegliche Ziele der Korrespondenz gelten, haben sie keine Möglichkeit, aufzutauchen und zu verschwinden, d.h. zu variieren. (180)

Benutzt man hingegen die Theorie der zirkulierenden Referenz, die er vorschlägt, dann kann eine Geschichtlichkeit der Dinge neu bestimmt werden:

> *Jede Veränderung* in der Serie von Transformationen, die die Referenz bildet, wird *einen Unterschied ausmachen*, und Unterschiede sind alles, was wir zunächst brauchen, um eine lebhafte Geschichtlichkeit in Bewegung zu setzen – so lebhaft wie ein gute Milchsäuregärung! (181)

---

[84] besonders in der Soziologie liegen hierfür diverse Forschungsarbeiten vor. Bourdieus Habitus – Konzept kombiniert mit seinem Konzept des sozialen Feldes wie zum Beispiel in seinem Buch: „Homo academicus" vorgestellt, führen diese Problematik sehr gut aus.

[85] Auch für diesen Begriff liefert Latour in seinem Glossar eine eigene Definition: „Aus der Geschichtsphilosophie entlehnter Begriff, mit dem nicht nur der Zeitverlauf gemeint ist – 1999 nach 1998 - , sondern die Tatsache, dass etwas in der Zeit geschieht, dass Geschichte nicht nur verläuft, sondern verwandelt, dass sie nicht nur aus Daten, sondern aus Ereignissen, nicht nur aus Zwischengliedern, sondern aus Vermittlungen besteht." (374)

Über eine Reihe von Transformationen, Verschiebungen und Veränderungen,[86] die von den unterschiedlichsten Akteuren durchgeführt wurden, entstehen neue Attribute, die abschließend einer einzigen Substanz zugeordnet werden können, „ein Ding mit klaren Grenzen, mit einem Namen, mit Beharrungsvermögen, das mehr war als die Summe seiner Teile. Das Wort 'Substanz' bezeichnet nun nicht mehr, was 'darunter liegt', unzugänglich für Geschichte, sondern was eine Vielzahl von Agenten in einem stabilen und zusammenhängenden Ganzen versammelt.“ (182)

Diese Stabilität, muss jedoch keineswegs permanent sein. Werden die Fermente anders artikuliert, dann werden sie „immer noch von einer Substanz zusammengehalten, allerdings einer *neuen* Substanz; [...].“ (183) Von hier aus ist Latours Transformationsschritt einfach, er möchte eine Substanz mit dem Wort „Institution“[87] bezeichnet wissen, die eine Geschichtlichkeit aufweist. Diese Geschichtlichkeit ist aber nicht so zu verstehen, dass die Ereignisse aufgrund einer Wirkung geschahen, die bereits als Potential in den Ursachen verborgen lag. Sondern denkt man sich diese Geschichtlichkeit, wie sie Latour vorschlägt, dann folgt die Kausalität den Ereignissen[88] und liegt ihnen nicht voraus. (184)

Die Punkte, die dies genauer erläutern: Die „raum-zeitliche Hülle für Propositionen“ (185), „die Institution der Substanz“ (199) und „das Rätsel der rückwärtsgerichteten Verursachung“ (205) sollen nun in den nächsten drei Teilabschnitten meiner Untersuchung über Latour dargestellt werden:

[86] vgl. Latour (2002): „Ein Milchsäureferment, das 1858 in einem Nährmedium in Pasteurs Laboratorium in Lille gezüchtet wurde, ist nicht das gleiche Ding wie der Rückstand einer Alkoholgärung in Liebigs Laboratorium in München im Jahre 1852.“ (181)
[87] Im Glossar schreibt Latour (2002: 183) zu diesem Begriff: „Die Wissenschaftsforschung hat sich immer schon sehr für die Institutionen interessiert, die die Artikulation von Tatsachen ermöglichen. Im üblichen Sprachgebrauch bezeichnet 'Institution' eine Stätte sowie Gesetze, Leute und Gebräuche, die in der Zeit fortbestehen. In der traditionellen Soziologie gilt das Etikett 'institutionalisiert' als Kritik an der dürftigen Qualität überroutinierter Wissenschaft. Dagegen ist die Bedeutung im vorliegenden Buch vollkommen positiv, denn Institutionen stellen all die Vermittlungen bereit, die ein Akteur braucht, um eine dauerhafte und nachhaltige Substanz aufrechtzuerhalten.“ (376)
[88] Ein Vergleich mit der Entstehung von Biografien (bei menschlichen Wesen) soll hier nicht unterschlagen werden. Oftmals wird auch bei diesen eine Kausalität der Ereignisse zum Erstellen einer Lebensgeschichte erst im Nachhinein, beim Schreiben der Biographie, hergestellt. Bourdieu (1998: 75 ff) bezeichnet dies als „biographische Illusion“. Erst bei der Konstruktion einer Biographie wird das Leben als „ein Ganzes“ dargestellt, als „eine kohärente und gerichtete Gesamtheit“, „die als einheitlicher Ausdruck einer subjektiven und objektiven 'Intention', eines 'Entwurfs' aufgefasst werden kann und muss.“ (75)

3.4.5.1. Eine raum-zeitliche Hülle für Propositionen

Das Propositionen-Modell ermöglicht es Latour, die Objekte in einem besonderen Raum-Zeit-Verhältnis zu verorten, denn „Ambivalenz, Mehrdeutigkeit, Ungewissheit und Plastizität begleiten ebenso die Geschöpfe, denen das Laboratorium die Möglichkeit, die historische Gelegenheit zur Existenz bietet." (185) Eine Geschichte der Dinge kann mit diesem Modell besser erfasst werden und die Dinge selbst, wie zum Beispiel auch wissenschaftliche Tatsachen, können damit wie andere historische Ereignisse behandelt werden (ebd.). Wie soll dies funktionieren?

Wieder verdeutlicht Latour dies mit Hilfe eines Beispieles. Er verwendet die „Debatte zwischen Louis Pasteur und Félix Archimède Pouchet über die Existenz der Urzeugung, der *generatio spontanea.*" (ebd.) Pasteurs Experimente konnten zunächst in der wissenschaftlichen Welt, besonders von Pouchet, nicht anerkannt werden, da sie in der Laborpraxis, die zu dieser Zeit Gültigkeit[89] beanspruchte, nicht reproduziert werden konnten. Die Theorie der Urzeugung blieb, obwohl Pasteur gegenläufige Experimente herstellen konnte, bestehen.

> Um Pouchets gewöhnliches Phänomen aus Raum und Zeit erfolgreich zurückzudrängen, musste Pasteur seine Laborpraxis schrittweise und sorgfältig an jede Stätte und auf jeden geltend gemachten Anspruch seines Gegenspielers ausdehnen. „Schließlich und endlich" wurde die spontane Urzeugung ausgerottet, wobei sich das Ensemble aus neu entstehender Bakteriologie, Agrarindustrie und Medizin auf diesen neuen Satz von Praktiken stützte; was jahrhundertelang ein gewöhnliches Geschehen gewesen war, wurde damit in den Glauben an ein Phänomen verwandelt, das „niemals irgendwo" auf der ganzen Welt existiert hatte. (186/187)

Genau hiergegen wendet sich nun Latour. Indem von einer Entität verlangt wird, „entweder nirgends und niemals oder aber immer und überall zu existieren – oder genauer existiert zu haben –, beschränkt die alte Übereinkunft Geschichtlichkeit auf Subjekte und verbannt die nichtmenschlichen Wesen aus der Geschichte." (189) Fordert man nun eine Geschichtlichkeit der Dinge, dann muss man Berichte über diese von diesen vier absoluten Adverbien: nirgends, niemals, immer und überall, befreien (190). Denkt man in räumlichen Kategorien, dann müssen sie nicht entweder nirgends oder überall existieren, denkt man in zeitlichen, dann müssen sie nicht für immer bestehen oder niemals. Übrig bleibt eine „relative Existenz" (189) der Objekte.

[89] „Das Paradox des Neuen besteht ja gerade darin, die Maßstäbe des Etablierten zu brechen, nach denen es geringwertig ist, und die eigenen Züge zu neuen Maßstäben zu erheben." (Rammert, 1998: 310)

Durch zwei Grafiken (192) versucht Latour diese relative Existenz noch genauer zu beschreiben bzw. zu beweisen: Da Wissenschaftsforschung die Modifikationen der Zutaten, aus denen eine Artikulation von Entitäten besteht, dokumentieren kann, kann sie viele Elemente aufzeigen, aus denen die Urzeugung Pouchets besteht. In dem Moment aber, in dem Pouchet sich mit Pasteur auseinandersetzen muss und auf dessen Widerstand stößt, muss er viele dieser Elemente abändern. Um trotz aller Widerstände diese Elemente immer noch zu einem dauerhaften Ganzen verbinden zu können und „so Existenz gewinnen zu lassen, muss er die Liste modifizieren, aus der sich sein Phänomen zusammensetzt. Doch die neuen Elemente werden nicht notwendigerweise mit den früheren zusammengehen." (196/197) Ein Kompromiss zwischen neuen Assoziationen und Substitutionen entsteht. Latour bezeichnet diesen Kompromiss als *„Erkunden des Kollektivs*. Jede Entität ist ein solches Erkunden, eine Serie von Ereignissen, eine Proposition, ein Experiment darüber, wer mit wem, wer mit was, was mit wem, was mit was zusammenbleibt." (197)

Im Falle von Pouchet wird dieser Kompromiss nach einer gewissen Zeit immer schwächer. Pasteur hingegen kann ein kohärentes Netzwerk entwickeln, seine Theorie wird stärker, setzt sich durch. Was ist geschehen? Warum konnte Pasteur sich trotz der schwierigen Ausgangslage durchsetzen? „Wir dürfen nicht vergessen, dass Pouchet keine randständige Wissenschaft betreibt, sondern *an den Rand gedrängt wird.*" (198) Ändert sich der Raum (so kommt das Laboratorium von Pasteur in Paris zu anderen Ergebnissen als das von Pouchet in Rouen) und die Zeit, können sich die einzelnen Elemente, ihre Assoziationen und Substitutionen so verändern, dass die Bedeutung einer Theorie von der einer anderen abgelöst wird; ihre Unterstützung durch das Kollektiv geht nach und nach verloren.

> Ein wenig zu existieren, ein wenig Realität zu besitzen, einen umschriebenen Raum und eine umschriebene Zeit einzunehmen, Vorgänger und Nachfahren zu haben sind jedoch die typischen Formen für das, was ich als *raumzeitliche Hülle* von Propositionen bezeichnen will. (189)

Wenn es der neuen Theorie gelungen ist, ein kohärentes Netzwerk zu erzeugen, „wenn ein Phänomen ´definitiv` existiert", dann bedeutet das aber noch lange nicht, „dass es ewig existiert oder *unabhängig* von jeder Praxis und Disziplin, sondern dass es in einer kostenaufwendigen und massiven Institution verankert worden ist, die mit großer Sorgfalt überwacht und geschützt werden muss." (188) - Dieser Preis, der gezahlt werden muss, um eine Theorie zu unterstützen, zeigt, dass man sich auf die „kostenlose Trägheit der Ungeschichtlichkeit" (191) nicht verlassen kann, sondern dass nur mit Hilfe des Netzwerkes und damit einer Aufrechterhaltung der Geschichtlichkeit der Dinge, ein Phänomen über einen bestimmte Zeit und über einen bestimmten Raum hin stabil gehalten werden kann. Damit hat jedes Phänomen aber auch nur eine relative Existenz[90] und diese relative Existenz hat eine typische Hülle, „und nur eine." (196)

Für Latour ergibt sich die Konsequenz daraus, dass die Substanz als Institution erfasst werden muss.

3.4.5.2. Die Substanz als Institution

Mit dieser Darstellung und seinen Grafiken kann Latour zeigen, dass die Schritte Pasteurs und Pouchets sich „in symmetrischer Form nachzeichnen lassen, wobei wir so viele Differenzen wie gewünscht zwischen ihnen erfassen können, ohne auf die Abgrenzung zwischen Fakt und Fiktion zurückgreifen zu müssen." (199) Durch den Begriff der relativen Existenz und des Propositionen-Modells werden Fragen, ob etwas wahr oder falsch, ob etwas ein Fakt oder eine Fiktion ist, unbedeutend. Von Bedeutung ist dann lediglich, ob etwas mehr oder weniger gut artikuliert ist und damit, ob und von wem es aufgrund dieser Artikulation unterstützt wird. Damit ergeben sich drei von Latour aufgezeigte Vorteile:

Wenn man so die Subjekt/Objekt- Dichotomie aufhebt und die menschlichen mit den nicht-menschlichen Akteuren verwebt und ihnen eine Geschichtlichkeit zugesteht, dann muss man jedes einzelne Element durch seine Assoziationen definieren. Zugleich kann dann aber auch weder die Liste dessen, was Natur ausmacht, noch was Gesellschaft ausmacht, stabil gehalten werden, sondern die Gesamtheit des Prozesses muss erfasst werden (200).

Durch diese neue Möglichkeit der Definition wird es möglich, auch den Unterschied zwischen Glaubenden und Wissenden aufzuheben, denn: „Der Unterschied zwischen Pouchet und Pasteur liegt nicht darin, dass ersterer glaubt und letzterer weiß" (201), sondern der Unterschied besteht allein in den mehr oder weniger starken Unterstützungssystemen.

---

[90] Rammert (1998) schlägt ein weiteres Konzept für diese Problematik vor: „Substantielle Kriterien für die Überlegenheit einer Technik über eine andere lassen sich zeitübergreifend und allgemeingültig letztendlich nicht angeben. Vielfalt und Vermischung, Heterogenität und Historizität der Kriterien geben dafür keine stabile Basis ab. Auch unter diesem evaluativen Aspekt schlage ich vor, auf ein weiteres relationales Konzept der technischen Innovation zurückzugreifen, mit dem sich der Unterschied zwischen den gesellschaftlich anerkannten, hoch geschätzten Techniken auf der einen Seite und den profanen, wenig wahrgenommenen Techniken auf der anderen Seite fassen lässt. Es ist das Konzept des ´technologischen Archivs` (310)." Dieses Konzept übernimmt er von Groys, der „das Konzept des ´Archivs` von Michel Foucault [1973] und Jacques Derrida auf den Mechanismus der Innovation in der Kunst und anschließend in der Technik übertragen" hat. (310)

Und damit ergibt sich der dritte Vorteil. Denn, wenn über die Unterstützungssysteme und damit über eine Reihe von „historischer Manifestationen“ (203) erreicht wurde, dass Pasteurs und Pouchets Positionen inkommensurabel geworden sind, dann muss man gleichzeitig feststellen, dass diese durch die Serien von Assoziationen und Substitutionen inkompatibel *gemacht* wurden (ebd.) und es nicht prinzipiell von Anfang an waren.

Damit wird zusammenfassend deutlich: Will man tatsächlich sagen, dass Pasteur recht hat und Pouchet unrecht, dann kann man das nur unter der Bedingung, „dass wir sehr genau und klar die institutionellen Mechanismen angeben, die *immer noch am Werk* sind, um die Asymmetrie zwischen beiden Positionen aufrechtzuerhalten.“ (ebd.), denn: „Zu behaupten, ein solcher Sieg erfordere keine Institution, wäre töricht.“ (204)

Wie schon oben gezeigt, kann damit der Gültigkeitsanspruch und somit auch der Wahrheitsanspruch der Ergebnisse von Pasteur nur dann aufrecht erhalten werden, wenn auch die Institutionen aufrecht erhalten werden, die diesen unterstützen. Die Kette[91] darf nicht unterbrochen werden, der Blutkreislauf der Wissenschaft muss zirkulieren. Die Institution ist für die Substanz notwendig. Hat die Substanz aber erst einmal diesen Status durch die Institution erhalten, dann ergibt sich daraus ein neues Verursachungsprinzip:

3.4.5.3. Eine rückwärtsgerichtete Verursachung

Hat sich eine Theorie stabilisiert, dann kann unter Umständen rückblickend einiges neu erklärt und verstanden werden, was „immer schon praktiziert wurde, ohne dass man wusste, was man tat.“ (206) Da Pasteur nun im Labor Bedingungen herstellen kann, die ein bis dahin nicht erklärbares Phänomen so darstellen können, dass es nun erklärt und verstanden werden kann, kann er auch die vergangenen Gärungspraktiken uminterpretieren. Eine gewaltige Arbeit des Nachrüstens (206) beginnt. Nicht nur Lehrbücher müssen neu verfasst und Instrumente müssen neu hergestellt werden, sondern auch professionelle Loyalitäten und Genealogien müssen neu geschaffen werden.

Stellt man nun noch einmal die Frage: „Existierten die Mikroben vor Pasteur?“ und arbeitet diesen Aspekt mit ein, dann muss man feststellen, dass es Pasteur und seinem Umfeld im

[91] Bachelard nennt dies auch den „epistemologischen Bruch“, denn erst der Bruch mit der „alten“ Ideologie macht eine neue Erkenntnis möglich.

nachhinein gelungen ist, „seine lokale Produktion in andere Zeiten und Räume *auszudehnen* und aus den Mikroben das *Substrat* der unwissentlichen Handlungen anderer zu machen.“ (209) Erst im Prozess des Nachrüstens dehnt sich die neue Substanz, das neue Substrat auch in die Vergangenheit hinein aus, erst jetzt werden ihr absolute Adverbien zugeschrieben, wie immer und überall, die in die Zukunft hinein ausgeweitet werden und es so erscheinen lassen, als wenn diese Substanz schon immer existiert hätte.

Untersucht man in diesem Kontext die Bedeutung des Wortes „Substanz“, dann kann man eine „merkwürdige Etymologie“ (ebd.) feststellen:

> Substanz bedeutet nicht, dass es *hinter* den Attributen ein dauerhaftes und ahistorisches „Substrat“ gibt, sondern dass durch die Sedimentierung der Zeit eine neue Entität in etwas verwandelt werden kann, das *unter anderen Entitäten liegt.* Ja, es gibt Substanzen, die die ganze Zeit über dagewesen sind, doch nur unter der Bedingung, dass aus ihnen sowohl in der Vergangenheit als auch im Raum das Substrat von Aktivitäten gemacht wird. Damit erhält das Wort Substanz jetzt zwei praktische Bedeutungen: zum einen ist es eine Institution, die, wie wir oben gesehen haben, eine stattliche Reihe praktischer Umstände zusammenhält, und zum anderen ist es die Arbeit der *Nachrüstung*, die ein jüngeres Ereignis als etwas situiert, das „unter“ einem älteren „liegt“. (ebd.)

Über die Ausdehnung wissenschaftlicher Netzwerke und das Nachrüsten[92] kann es gelingen, ein „immer und überall“ (ebd.) zu erreichen. Allerdings ist hierzu ein hoher Aufwand an Kosten notwendig. Dennoch bleibt eine lokalisierbare und zeitliche Ausdehnung über lange Zeit deutlich sichtbar (ebd.).

3.5. Latours Handlungsprogramm oder die Aktor-Netzwerk-Theorie (ANT)

Kann man Latours Ausführungen bestätigen, den Dingen eine Geschichtlichkeit zuschreiben und ihnen eine Akteurstatus zugestehen, dann fällt es auch nicht besonders schwer, seine weiteren Schritte mitzugehen. Indem er sein Handlungsprogramm vorstellt, in dem die Dichotomie von Subjekt und Objekt aufgehoben wird, kann er zugleich zeigen, dass mit seinem Modell deutlich wird, dass weder die Menschen die Technik beherrschen, noch ihrerseits von der Technik[93] beherrscht werden.

Im Verlaufe eines Aushandlungsprozesses, „im Zuge der Bildung eines Netzwerkes mit anderen Aktanten“ (Simms: 381), kann nicht mehr zwischen Subjekt und Objekt, zwischen

[92] „Anstelle der blassen und blutlosen wissenschaftlichen Objektivität haben wir gezeigt, so schien mir, dass die vielen nichtmenschlichen Wesen, die durch die Laborpraxis in unser kollektives Leben hineingemengt werden, Geschichte haben, Flexibilität, Kultur, Temperament, kurzum all jene Merkmale, die ihnen von den Humanisten auf der anderen Seite des Campus gerade abgesprochen werden.“ (Latour, 2002: 9)
[93] Latour verwendet hierzu Heideggers Aufsatz: „Die Technik und die Kehre“

Natur und Kultur oder zwischen menschlichen und nicht-menschlichen Wesen unterschieden werden, denn immer mehr hybride Akteure, Mischwesen, Aktanten entstehen.

Um diesen Status eines Aktanten besser darstellen zu können, nimmt Latour den „Streit zwischen den Befürwortern des freien Waffenverkaufs und ihren Gegnern in den USA" (Gamm: 142) zu Hilfe:

> „Feuerwaffen töten Menschen" ist eine Losung jener Leute, die sich in den USA für eine Einschränkung des freien Waffenverkaufs einsetzen. Darauf konterte die *National Rifle Association* (NRA) mit dem Slogan: „Es sind die Menschen, die töten, nicht die Waffen". (Latour, 2002: 214)

Die eine Seite argumentiert „materialistisch" (ebd.), indem sie zeigt, dass es die materialen Bestandteile der Waffe sind, die einen Menschen töten. Die andere Seite verwendet ein instrumentalistisches Argument, da sie behauptet, dass die Waffe lediglich ein Mittel darstellt, um einen Zweck zu verwirklichen. Erst der menschliche Wille, die Intentionalität, macht es dann möglich, dass jemand getötet werden kann.

Latours Handlungsprogramm kann diese dichotome Struktur nicht vertreten. Nicht der Mensch oder die Waffe sind für die Handlung verantwortlich, sondern:

> *Jemand anderes* (eine Bürger-Waffe, ein Waffen-Bürger). Wie Techniken hergestellt und wie sie eingesetzt werden, werden wir nie verstehen, wenn wir immer noch annehmen, das psychische Vermögen der Menschen sei ein für allemal festgelegt. Mit der Waffe in der Hand bist du ein anderer Mensch. Wie Pasteur uns [...] gezeigt hat, besteht Sein in Existenz, und Existenz ist Handeln. (218)

Über seine oben dargestellten Modelle der Übersetzung und der Propositionen kann er zeigen, dass, wenn über die Waffe ein neues Handlungspotential dem Menschen und umgekehrt durch den Menschen der Waffe ein neues Potential zugeschrieben werden kann, beide Seiten neu artikuliert werden müssen. Jeder Aktant kann und muss dann auch über diese neuen Propositionen definiert werden, da durch die Verbindung neues Aktionspotential entstanden ist. Ein Übersetzungsprozess hat stattgefunden, eine neue Situation wurde durch die Verbindung geschaffen. Die in der Subjekt/Objekt-Dichotomie festgelegten Wesenheiten können nicht mehr für die Beschreibung dieser Situation weiterhelfen.

> Wenn wir die Waffe und den Bürger dagegen als Propositionen begreifen, bemerken wir, dass weder Subjekt noch Objekt (noch ihre Ziele) festgelegt sind. Wenn Propositionen artikuliert werden, verbinden sie sich zu einer neuen Proposition. Sie werden „jemand" oder „etwas" anderes. (ebd.)

Mit Hilfe des Propositionen-Modells kann die Dynamik erfasst werden, neue Handlungsmöglichkeiten können dargestellt werden.

Hat er bis hierher anhand des Bürger-Waffen bzw. Waffen-Bürger Modells gezeigt, wie er sich seine hybriden Aktanten vorstellt, dann diskutiert er im Verlauf seiner Arbeit weitere Möglichkeiten dieser Verschiebung[94], die zu Veränderungen der Propositionen führen können und durch die Verbindung von Aktanten ausgelöst werden. So können nicht nur Ziele neu übersetzt werden, sondern sie können auch neu zusammengesetzt und delegiert[95] werden. Hinzu kommt, dass durch „Blackboxing" oder das „Zusammenfalten von Zeit und Raum" (222) unterschiedlichste Aktanten[96] verbunden werden können und dadurch zu neuen Handlungsmöglichkeiten gelangen. Obwohl dieses Potential häufig in Anspruch genommen wird (siehe Overhead-Projektor) gelangt es meist erst in einer Krisensituation[97], im Nicht-Funktionieren, in den Blick. Die Blackbox muss geöffnet werden und zeigt dann, welche Aktanten in ihr unsichtbar verborgen, in Raum und Zeit zusammengefaltet waren.

---

[94] Gamm vergleicht die Vorgehensweise Latours mit Derrida. Er schreibt: „ Latour verfolgt in gewisser Weise ein Derrida vergleichbares Unternehmen in der Wissenschaftsforschung: die eingespielten und festgewordenen cartesischen Unterscheidungen wieder zu verflüssigen und fraglich zu machen; die begrifflichen Schemata auf ihren Realitäts – und Rationalitätsgehalt hin zu überprüfen, zu zeigen wie sie (als Reinigungsstrategien) funktionieren: nach welchen Spielregeln sie Innen- und Außenwelt, intern und extern, Wesen (Gesetz) und Erscheinung, Kern und äußere Schale, wesentlich und unwesentlich, Substanz und Akzidenz usf. voneinander scheiden. Was seine Kritik – darin Derrida gleichfalls verwandt – hervorruft, sind die Beziehungen der Begriffe zueinander, die stets mit Über- und Unterordnungen einhergehen: Stets hat das Subjekt einen das Objekt beherrschenden Vorrang, immer steht das sprechende Menschenwesen über der davon abgeschiedenen stummen Dingwelt, wird die Erscheinung unter Ausblendung ihrer sinnlichen Vielfalt auf die Abstraktion des Wesens oder des Gesetzes zurückgeführt, der wahre Kern von den äußeren unwahren Schalen befreit." (146)

[95] Beispiel für eine Delegation ist bei Latour (2002) die Straßenschwelle: „Ob Tag oder Nacht, die Schwelle ist immer da. Derjenige, der diesen technischen Akt ´geäußert hat`, ist dagegen längst von der Szene verschwunden – wo sind die Ingenieure, wo der Polizist? -, während jemand, während etwas als ihr Stellvertreter handelt und verlässlich Wache hält." (229) - Ein weiteres „Exemplar für Zeichen", die die Funktion einer Delegation übernehmen, wäre vielleicht Heideggers „Winker" in „Sein und Zeit" (78).

[96] Latour (2002) schreibt hierzu: „Schauen Sie sich einmal um in dem Raum, in dem Sie gerade sitzen [...]. Überlegen Sie, wie viele Black Boxes es um Sie herum gibt. Öffnen Sie eine, schauen Sie sich dieses Gewimmel von Einzelteilen darin an. Jedes der Teile in der Black Box ist selbst wieder eine Black Box voller Einzelteile. Ginge eines davon kaputt, wie viele Leute würden sich wohl darum scharen müssen? Wie weit zurück in der Zeit, wie weit entfernt in den Raum müssen wir unsere Schritte lenken, um all diese stummen Entitäten zu verfolgen, die friedlich dazu beitragen, dass wir diesen Text hier an unserem Schreibtisch lesen können?" (224).

[97] Rammert (1998) nimmt dieses Bespiel auf, um zu zeigen wie zuvor die Technik hinter dem Sozialen verschwand und eine Technikvergessenheit entstehen konnte. Erst das Nicht-Funktionieren kann diese Verbindung wieder in den Vordergrund rücken: „Das Verschwinden der Technik hinter dem Sozialen wird wohl auch durch die Selbstverständlichkeit und die scheinbare Universalität der Technik begünstigt. Technik kann, solange sie im Zustand der ´Zuhandenheit` problemlos funktioniert, als der Inbegriff des Vertrauten und Alltäglichen gelten. Die in einer Gruppe oder einer Kultur praktizierten Techniken werden als selbstverständlich angenommen. Es ist geradezu eine soziale Funktion der Technik, das Soziale in seiner Kontingenz und Diskursivität zum Verschwinden zu bringen und es damit von ständiger Aushandlung und Reflexion zu entlasten. Der Hausmeister muss nicht mehr bitten, betteln oder drohen, wenn ein automatischer Türschließer das Tor schließt oder der ´Berliner Schlüssel` den Mieter zum Verschließen zwingt. Vertrauen ins Funktionieren und stilles Einverständnis mit ihren Funktionen und Funktionserfordernissen kennzeichnen die sozialisierte Technik." (19)

Entstehen durch diese Prozesse neue Netze, die miteinander verwoben werden und die die unterschiedlichsten Aktanten miteinander verbinden, dann sind hier Kollektive aus menschlichen und nicht-menschlichen Wesen entstanden, die erst innerhalb dieser Netzwerke zu ihrem Handlungspotential gelangen, einem Potential, das vor der Verbindung noch nicht erkennbar, unter Umständen sogar nicht denkbar war. Welche Möglichkeiten von welcher Seite ausgehen, kann nicht eindeutig zugeordnet werden, lediglich die Möglichkeiten der Aktanten in der Verbindung kann dargestellt werden. Damit ist die Dichotomie aufgehoben, die Netze sind neu geknüpft.[98]

3.6. Auseinandersetzungen mit Bruno Latour

Ähnlich wie Karin Knorr Cetina muss auch Bruno Latour sich den Vorwurf gefallen lassen, „dass die Sozialwissenschaften sich das Recht herausnehmen, das Wissenschaftshandeln der Naturwissenschaften zu untersuchen, es nach allen Regeln ihrer szientifischen Kunst dem objektivierenden Blick methodisch angeleiteter Forschung unterwerfen; [...].“ (Gamm: 138). Doch auch Latour kann sich mit seinem Konzept diesem Vorwurf stellen. Er zeigt auf, dass über seine Theorie der zirkulierenden Referenz die Bruchstellen, die sich zwischen Gegenstand und Zeichen, Sprache und Welt, Sache und Sachverhalt ergeben, bearbeitet werden müssen und dass lediglich eine Kette dieser zirkulierenden Referenzen, die die einzelnen Übersetzungs- und Transformationsschritte erklärt und die weder einen Anfang noch ein Ende besitzt, sicherstellen kann, dass die Referenzen nicht lügen. Durch die Ablehnung der Korrespondenztheorie kann er verdeutlichen, wie diese Kette der Referenzen benötigt wird, um einer wissenschaftlichen Tatsache und damit auch einer sozialwissenschaftlichen zur Geltung zu verhelfen.

Das Interessante bei Latour ist allerdings, dass in sein Übersetzungs-, Vermittlungs- und Transformationssystem nicht nur die internalistischen Verfahren, die Verfahren innerhalb des eigenen Wissenschaftsbetriebs eingearbeitet werden müssen, sondern auch die externalistischen. Eine von Latour unterstützte Sozialforschung müsste demnach bei Reflexionen über ihre eigene Arbeit auch die von außen kommenden Einflüsse analysieren und in ihr

[98] Was dies für eine Moral bedeutet, die diese Dynamik erfassen soll, erörtert Höffe in seinem Buch: „Moral als Preis der Moderne“, er stellt die Frage: „Fliegt die moralische Vernunft erst am Abend?“ (241) Als These 10 (296) schreibt er dann: „Statt der Forschung immer nur nachzuhinken, ist der Verantwortungsdiskurs begleitend, sogar prospektiv zu führen: Wenn schon die Eule der Athene nur am Abend fliegt, warum dann nicht am Abend vorher?“ Wie könnte sich ein solches Verantwortungsmodell in die ANT von Latour integrieren lassen? Wären die Vertreter des moralischen Diskurses dann auch Aktanten?

Programm aufnehmen. Was dies bedeuten würde, müsste man im Einzelfall genauer betrachten. Allerdings müsste es darauf hinauslaufen, dass die einzelnen Allianzen, die für ein Forschungsprojekt eingegangen worden sind, aufgedeckt werden müssen. Auch müsste untersucht werden, wie ein Forschungsergebnis dargestellt wird, so dass es von der scientific community, von anderen wissenschaftlichen Kollektiven, oder aber auch von der Öffentlichkeit wahrgenommen und anerkannt wird. Dies gilt dann auch für seine eigene Arbeit.

An dieser Stelle könnte man vor allen Dingen Bruno Latour, aber auch Karin Knorr Cetina, mit einem weiteren Kritikpunkt konfrontieren. Beide arbeiten in ihren Texten zwar auch mit wissenschaftlichen Analysen. Indem sie diese aber mit Hilfe von vielen Metaphern und Bildern unterstützen, an vielen Stellen zudem narrative Stilmittel anwenden, so dass ihnen durchaus eine „rhetorische Raffinesse" (Rammert, 1998: 23) unterstellt werden kann, präsentieren sie eine anschauliche und gut lesbare Arbeit. Ob diese Arbeit dann noch wissenschaftlichen Kriterien entspricht, bleibt der scientific community überlassen[99]. Die Gefahr, dass diese Arbeiten allerdings nicht mehr wissenschaftliche Beweiskraft besitzen, da sie zu sehr ins Narrative abschweifen, und damit nicht mehr Überzeugungsarbeit leisten, sondern lediglich überreden können, ist groß.

Wenn Latour für sich in Anspruch nimmt, das Denken in Differenzen aufheben zu wollen, vor allen Dingen der Differenz von Kultur und Natur, Subjekt und Objekt, wahr und falsch, dann stellt sich als dritter Kritikpunkt die Frage, wie man ein solches Denken dann noch darstellen kann. Selbst wenn man diese Unterscheidungen in Frage stellt, bleibt dennoch „die kritische Arbeit, die wir gegen sie, gegen die (alten) unfruchtbaren Unterscheidungen verrichten", an sie gebunden (Gamm: 156). Für eine kritische Arbeit an Begriffen wird es schwer werden, wenn sie dieses Denken in Dichotomien aufgibt, denn dann läuft sie Gefahr, dass alles in einer „(unterschiedsloser) Einheit" (Gamm: 156) versinkt.

[99] Auch dies würde weitere Untersuchungen nach sich ziehen. Momentan sieht es danach aus, dass diese Zustimmung dichotome Strukturen aufweist. Während der einen Seite genau diese rhetorische Raffinesse gefällt, lehnt die andere Seite diese kategorisch ab und versucht genau deswegen Latour aus der scientific community zu verbannen.

Aber: „Denken heißt Unterscheiden[100], jede Beobachtung und jeder Sprechakt führt entsprechende Unterscheidungen mit sich: Unterschieden werden muss." (Gamm: 156) Welche Konsequenzen haben sich allerdings durch dieses Denken in Differenzen[101] und Dichotomien in der Vergangenheit ergeben? Nicht nur, dass sich trotz der „Reinigungsarbeit" die „Hybride" immer weiter ausbreiten konnten, sondern dieses Denken läuft Gefahr Begriffen „ontologische Sphären oder substantielle Qualitäten" (Rammert, 1998: 298) zu unterstellen. Genau dagegen wehrt sich Latour. Mit seinem Konzept der Substanz als Institution und des Propositionen-Modells werden erst über den Forschungsprozess, über einen epistemologischen Prozess, Attribute gefunden, die dann einer Substanz zugeordnet werden können. Dieser Prozess der Attribution kann offen gehalten werden, kann zudem Unterscheidungen und Differenzen besser erfassen, ohne dichotome Strukturen aufzubauen, muss in den jeweiligen Situationen unterschiedlich gestaltet werden und kann dann auch, gerade im sozialwissenschaftlich orientierten Forschungsprozess, die Begriffe „Natur" und „Kultur" betreffen, vielleicht sogar zu einer Erweiterung des Handlungsbegriffes[102] führen, dessen ontologischer Gehalt[103] auch hinterfragt werden muss. Dennoch zeigt Latour, dass diese Substanz als Institution über nur *eine* raum-zeitliche Hülle verfügen kann und damit in keinster Weise Gefahr läuft, in einer unterschiedslosen Einheit zu versinken.

Warum sich nun gerade Latours Theoriegebäude gegen das kantische durchsetzen sollte und sich damit „als *die* realistische Version der Moderne" (Gamm: 150) erweisen sollte, ist eine weitere Frage der sich Latour stellen muss. „Gerade das cartesisch-kantische Modernisierungsprogramm mit seinen Reinigungs- und Trennungsprozessen ist ja die Artikulation des modernen Bewusstseins par excellence – eine übermächtige sogar." (Gamm: 151). Ich

[100] Dass Latour keinesfalls dieses Denken durch Unterscheiden aufgeben will, wird deutlich, wenn er schreibt: „*Jede Veränderung* in der Serie von Transformationen, die die Referenz bildet, wird *einen Unterschied ausmachen*, und Unterschiede sind alles, was wir zunächst brauchen, um eine lebhafte Geschichtlichkeit in Bewegung zu setzen – so lebhaft wie eine gute Milchsäuregärung!" (2002: 181)

[101] Auch Rammert (1998) wehrt sich gegen das Denken in Differenzen, wenn er sich in seinem Aufsatz: „Die Form der Technik und die Differenz der Medien. Auf dem Weg zu einer pragmatistischen Techniktheorie" die Frage nach der Technik stellt. Er schreibt: „Die Differenz von *Technik und Natur* scheint die längste Tradition aufzuweisen. Seit der Antike wurde die Technik von der Natur unter dem Gesichtspunkt unterschieden, dass die Technik gekonnter menschlicher Intervention bedarf, um in Erscheinung zu treten, während die Naturerscheinungen spontan zustande kommen. Auf diese Weise wurde die künstliche Welt der Artefakte von der irdischen Sphäre der Natur getrennt. Aber je mehr wir feststellen, dass unsere Sicht auf die Natur durch die experimentelle Intervention und mit Hilfe von Artefakten gewonnen wird (vgl. Knorr Cetina 1992), desto mehr löst sich die scheidende Differenz auf. Je mehr wir die Erde über die irdischen Grenzen des Wachstums bestimmen, desto stärker werden wir uns des konstruierten Wesens unseres Naturbildes bewusst. Wir sind in der Zirkularität einer substantiellen Definition gefangen." (298/299)

[102] Dies soll in einem anschließenden Kapitel anhand Rammerts/Schulz-Schaeffers graduiertem Handlungsbegriff gezeigt werden.

[103] Warum kann er nur menschlichen Wesen zugeschrieben werden?

denke, Latour könnte auch auf diese Frage mit seiner Konzeption antworten. Denn, ob sich seine Theorie gegen die kantische durchsetzen wird, wird nicht davon abhängen, welche von beiden wahr oder falsch ist, sondern, um es mit Latours Worten zu sagen, welche von beiden besser artikuliert werden kann. Da das Unterstützungssystem für das Programm von Kant mittlerweile übermächtig erscheint, wissenschaftlich anerkannt ist, sowohl in der wissenschaftlichen Welt als auch in der Öffentlichkeit seine Repräsentanten gefunden und etabliert hat, wird es nicht nur für Latour schwierig werden, sich gegen dieses durchzusetzen.

Jedoch gilt für jedes neue Konzept, jedes neue Wissen, dass es nicht von heute auf morgen die gängigen, bisher anerkannten Theorien angreifen oder vielleicht sogar in Frage stellen kann, sondern, dass viele kleine Schritte dafür notwendig sind. Im Gegenzug werden aber auch die Vertreter des alten Theoriegebäudes, die Anhänger von Kant nicht kampflos aufgeben, sondern sie werden Strategien entwickeln, ihre Thesen so zu artikulieren, dass diese weiterhin Bedeutung behalten, ihre Gültigkeit nicht verlieren, Wirkungsmacht besitzen.

Dass sich dennoch Latour seinen Weg bahnen und sich partiell gegen das kantsche Programm durchsetzen könnte, zeigt sich darin, dass die ersten Schritte bereits erkennbar sind, denn „Latour war nicht der Erste, der die Unterscheidung von Natur und Gesellschaft angegriffen und den Akzent auf die Verknüpfung und Verschränkung gelegt hat, seine Leistung besteht vielmehr darin, diese Denkrichtung für die Soziologie anschlussfähig und empirisch fruchtbar gemacht zu haben." (Simms: 392) Ob sein Theoriegebäude ein Umdenken bewerkstelligen kann, ob es eine längere Zeit überdauern kann, und ob es auch unabhängig von ihm – sozusagen autonom – weiterbestehen wird, muss sich erst noch zeigen.

Besonders problematisch erweist sich in seinem Konzept die symmetrische Behandlung von menschlichen und nicht-menschlichen Wesen. Dies wirkt sich darauf aus, dass gefragt werden muss, welchen Begriff des Handelns diese Konzeption voraussetzt. Simms geht soweit zu fragen, „ob Aktanten-Handeln nicht letztlich doch auf intentional handelnde, menschliche Akteure rückführbar ist" (385).

Rammert und Schulz-Schaeffer, Vertreter der Techniksoziologie, setzen sich mit diesem Problem sehr differenziert auseinander. Von daher sollen ihre Ausführungen dazu genutzt werden, die Möglichkeiten und Grenzen von Latours Konzeption in bezug auf eine Handlungstheorie aufzuzeigen.

Wenn Rammert/Schulz-Schaeffer (24 ff)[104] die Handlungsträgerschaft von Technik untersuchen, arbeiten sie auf verschiedenen Ebenen und mit unterschiedlichen Kreuztabellen. Latours Ausführungen können sie an zwei Stellen einordnen. Zum einen ordnen sie die Akteur-Netzwerk-Theorie (32) den Konzepten zu, „die Akteursqualitäten deskriptiv als Eigenschaften technischer Artefakte behandeln." (ebd.) Diese Theorien gehen davon aus, dass technische Artefakte empirisch beobachtbar als Akteure oder Mit-Handelnde wirken und dadurch gesellschaftlich relevant werden (ebd.):

> Die grundlegende Beobachtung aller Ansätze, die *agency* als Eigenschaft von Technik thematisieren, ist die Beobachtung der Substitution menschlicher Aktivitäten durch technische Abläufe: Aktivitäten, die zuvor Teile menschlicher Handlungsvollzüge waren und damit ganz unproblematisch als Handeln gelten, werden an technische Artefakte delegiert und nun von diesen Geräten getätigt. (ebd.)

Da menschliche Aktivitäten an Artefakte[105] delegiert und damit übertragen wurden, können auch die gleichen begrifflichen Kategorien auf diese angewandt werden, beide können gleichermaßen als Akteure gelten.

Voraussetzung für diesen Prozess der Delegation von Handlung ist allerdings ein recht schwacher Handlungsbegriff: „Handeln ist hier nicht mehr als das Bewirken von Veränderungen." (33) Mit diesem schwachen Handlungsbegriff können alle und damit auch einfache technische Akteure als Aktanten bezeichnet werden, was durchaus Latours Anliegen ist. Eine Berechtigung findet nach Rammert/Schulz-Schaeffer diese Vorgehensweise darin, „dass menschliche Handlungen, um als Handlungen zu gelten, vielfach auch keinen an-

[104] Dankenswerterweise beginnen Rammert/Schulz-Schaeffer, in Anlehnung an Heidegger, ihren Aufsatz mit der Überschrift: „Die Frage nach der Technik und dem Handeln" und implizieren damit, dass sie über einen sehr weiten Technikbegriff verfügen. Sie möchten zeigen, dass Technik einerseits interaktiver geworden ist, andererseits auch intelligenter und reflexiver. Ein Beispiel dazu ist eine intelligente Bremse. „Die Fahrintelligenz entsteht aus der Interaktivität von Fahrer, Fahrzeug und Umgebung" (16). Dennoch soll an dieser Stelle nicht unterschlagen werden, dass Rammert sich nicht wie Latour auf alle nicht-menschlichen Wesen mit seinem Technikbegriff bezieht. Was er genauer unter dem Begriff Technik versteht, beschreibt er (1998) in seinem Artikel „Die Form der Technik und die Differenz der Medien". Diesen Artikel beginnt er mit dem Kapitel: „Was ist Technik? Zum Wandel der Ansichten" (293). – Die Herausforderung der modernen Technik, wie der intelligenten Bremse liegt „in der Optimierung der Verteilung von Aktionen auf Fahrerin, Fahrzeug, Elektronik, Programme und Navigationsdienste, was einen hohen Grad der wechselseitigen Wahrnehmung und Berücksichtigung erfordert." (Rammert/Schulz-Schaeffer: 17)

[105] vgl. Berliner Schlüssel oder Bodenschwellen

spruchsvolleren Kriterien genügen müssen – man denke etwa an Routinehandlungen oder an strikt regelgeleitete Handlungsvollzüge." (ebd.)

> Andererseits: Wird das Verursachen einer Wirkung an ein technisches Artefakt delegiert, so bedeutet dies eben noch lange nicht, dieses Artefakt zugleich auch dazu zu befähigen, planen zu können [...], Alternativen abzuwägen, Absichten zu verfolgen, Ereignisse sinnhaft zu verstehen usw. – alles Dinge, die sich darüber hinausgehend mit dem Begriff der menschlichen Handlungsfähigkeit auch noch verbinden. (ebd.)

Setzt man einen einfachen Handlungsbegriff voraus, dann können tatsächlich alle menschlichen wie nicht-menschlichen Wesen als Akteure symmetrisch behandelt werden. Avanciertere Techniken, die diesen einfachen Handlungsbegriff überschreiten, können allerdings nicht differenzierter mit Latours Konzeption erfasst werden. Er lässt hier keine Unterscheidungen, die durchaus zu Asymmetrien führen könnten, zu. Auf dieses Problem soll im Verlauf der Auseinandersetzungen noch einmal eingegangen werden.

Die zweite Stelle, an der Rammert/Schulz-Schaeffer Latours Theoriegebäude einordnen, ist bei den normativen Konzepten zu finden. Unter normativen Ansätzen verstehen sie diejenigen Ansätze, „die Handlungsträgerschaft von Technik nicht als ein 'Sein`, sondern als ein 'Sollen` thematisieren" (34). Bei diesen Ansätzen laufen die wissenschaftlichen Bemühungen darauf hinaus, „technische Akteure zu konstruieren" (ebd.) Bei Latour geschieht dies durch die Möglichkeit einer Be- und Zuschreibung von Handlungsträgerschaft. Diese Strategie resultiert aus seiner Forderung nach generalisierter Symmetrie.

> Dieser Forderung zufolge soll sich der wissenschaftliche Beobachter jeglicher Vorannahme enthalten, die eine bestimmte Sorte von Erklärungen privilegiert [...]. Bei der Betrachtung von Technik transportieren Unterscheidungen wie die zwischen Sozialem und Technischem oder zwischen Akteur und Artefakt aber genau solche Vorannehmen und müssen deshalb vermieden werden. Zu diesem Zweck bemüht sich die Akteur-Netzwerk-Theorie um eine symmetrische Beschreibungssprache, also um eine Begrifflichkeit, die nicht von vornherein darauf festgelegt ist, die menschlichen Akteure als Agens und Träger sozialer Bedeutungen zu behandeln und die technischen Artefakte als Bewirktes und als Objekt von Deutungen, sondern die auch mit der umgekehrten Möglichkeit rechnet. (Rammert/Schulz-Schaeffer, 34/35)[106]

Mit Hilfe dieser Strategie soll die Handlungsfähigkeit technischer Artefakte nicht schlichtweg postuliert/vorweggenommen werden. Vielmehr handelt es sich dann bei der Akteur-Netzwerk-Theorie um eine theoretische Konzeption, die technische Handlungsträgerschaft als empirisches Phänomen überhaupt erst beobachtbar macht (35), in das Blickfeld rücken kann. Damit stellt Latour ein begriffliches Material zur Verfügung, das die theoretische

---

[106] Sie beziehen sich dabei auf Callon/Latour 1992: 347 ff

Optik in den Sozialwissenschaften weg von einer Subjektzentrierung lenken und nichtmenschliche Wesen in eine Konzeption als mögliche Handlungsträger[107] einbeziehen kann.

Die Zuschreibung oder Konstruktion dieser Handlungsträgerschaft, die dieses Konzept erst ermöglicht, muss als weiteres Problem bearbeitet werden. Auch für diese Bearbeitung liefern Rammert/Schulz-Schaeffer einen Vorschlag:

> Die Frage, ob die Handlungsqualität eines gegebenen Verhaltens über Zuschreibungsprozesse konstituiert wird oder ob sie auf spezifischen Eigenschaften des sich so Verhaltenden beruht, stellt sich im Fall menschlichen Handelns ebenso. (51)

Mit Luhmann können sie sogar noch einen Schritt weiter gehen. Er konstatiert für jegliches menschliche Handeln: „Handlungen werden durch Zurechnungsprozesse konstituiert" (1984: 228). Um diese starke These zu verdeutlichen, wählen sie zwei Strategien. Zum einen zeichnen sie die sozialhistorische Genese „unseres Verständnisses vom menschlichen Akteur und auf die diesbezüglichen beständigen Grenzkorrekturen" (51) nach. Sie zeigen, dass „die uns geläufige Vorstellung vom menschlichen Akteur" nicht immer[108] schon existierte.

> Zunächst waren es viel eher die Götter oder der Gott und ihre bzw. seine irdischen Repräsentanten, auf die das Attribut der Handlungsfähigkeit zutraf. (52)

Erst durch die systematische Gewinnung von Wissen über Natur, Technik und Gesellschaft, die zur wichtigsten Ressource des Weltverstehens und des verändernden Eingriffs in die menschlichen Umstände wurde, erlangte das Individuum den Status des mit Willen- und Handlungsfreiheit ausgestatteten Akteurs, wie er uns heute geläufig ist. Damit ist auch auf der Seite des menschlichen Aktanten eine Konzeption der Handlungsträgerschaft eine kulturelle Errungenschaft (52). Konsequenterweise ist dann auch damit zu rechnen, „dass veränderte Gegebenheiten dazu führen können, dass die Kriterien der Zurechnung des Akteurstatus partiell neu ausgehandelt und neu institutionalisiert werden können" (53), unter Umständen sogar neu aushandelt werden müssen. Die aktuellen Rechtsdebatten liefern dazu ein besonders gutes Beispiel. So haben die Auseinandersetzungen um den Schwangerschaftsabbruch, die künstliche Befruchtung oder die Sterbehilfe die Bestimmungen darüber verändert, wann ein menschliches Subjekt rechts- oder schuldfähig ist.

---

[107] Rammert/Schulz-Schaeffer machen darauf aufmerksam, dass, betrachtet man die Fallstudien anhand derer Michel Callon und Bruno Latour ihr Programm exemplifizieren, man den Eindruck gewinnt, „dass die beobachteten Akteursqualitäten von Technik verschiedentlich doch eher ein theoretisch erzwungenes als ein durch unverzerrte Beobachtung ermöglichtes Forschungsergebnis sind." (35)

[108] An dieser Stelle soll an die Befreiung der vier absoluten Adverbien von Latour erinnert werden.

Zum anderen verweisen Rammert/Schulz-Schaeffer auf die „gesellschaftliche Konstruiertheit des intentionalen Vokabulars“ (51). Wiederum beziehen sie sich hierbei auf Luhmann, dieser stellt fest:

> Absichten fungieren im sozialen Verkehr [...] als [...] verkehrsnotwendige Fiktionen. Es sind, weniger hart ausgedrückt, kurzschlüssige, aber alltagstaugliche Erklärungen für Handlungen. (1992: 106)

Damit ist aus dieser Perspektive der Betrachtung auch das intentionale Vokabular ein begriffliches Kondensat gesellschaftlich konsentierter Handlungserklärungen und wird „von dem werdenden Gesellschaftsmitglied sozialisatorisch erworben“. (Rammert/Schulz-Schaeffer: 54)

Mit diesen Ausführungen wird sehr deutlich gezeigt, „dass unser geläufiges Verständnis dessen, was ein menschlicher Akteur ist und was menschliches Handeln auszeichnet, auf einer grundsätzlichen Ebene der Betrachtung eine historisch bedingte und sich in Aspekten kontinuierlich verändernde soziale Konstruktion ist“ (54). Eine Konstruktion allerdings, die nicht dazu führt, „dass die Bedeutung dessen, was es heißt, Akteur zu sein und zu handeln, zu jedem Zeitpunkt frei aushandelbar wäre“ (ebd.).

Warum diese Konstruiertheit keinesfalls dazu führt, dass allem Beliebigen ein Akteursstatus zuerkannt werden kann, sondern dass es durchaus Bedingungen gibt, die diesen Status festschreiben, zeigen Rammert/Schulz-Schaeffer im weiteren Verlauf ihrer Arbeit:

> Wesentliche Bedeutungsgehalte dessen, was es heißt als Mensch (oder spezifischer: als Inhaber einer bestimmten Rolle, Funktion oder Position) zu handeln, sind in einer Weise gesellschaftlich konsentiert und institutionalisiert sowie in einer Weise individuell internalisiert und im Alltagswissen sedimentiert, dass selbst die grundsätzliche Erkenntnis ihrer sozialen Konstruiertheit uns kaum davon abzubringen vermag, sie [...] als Beschreibungen menschlicher Handlungseigenschaften zu empfinden und zu verwenden. (55)

Über einen gesellschaftlich konsentierten und institutionalisierten Prozess kommt es dazu, dass Handlungsträgerschaft anerkannt und individuell internalisiert wird und sich im Alltagswissen sedimentiert und dass sie dann jemandem zugeschrieben werden kann. Diese Aussage über die Anerkennung des Status als Aktant dürfte von Latour unterstützt werden. Damit würde auch der Begriff des Aktanten in einem Theoriekonzept den Bedingungen unterliegen, die, wie oben aufgezeigt, zu einer Fabrikation von Realität und einer Geschichtlichkeit der Dinge führen können.

Damit wird aber auch deutlich, dass, stellt man die Handlungsträgerschaft von nicht-menschlichen Wesen, wie sie Latour, aber auch Rammert/Schulz-Schaeffer vorstellen, in Frage, muss man zugleich den Begriff der Handlungsträgerschaft von menschlichen Wesen hinterfragen. Kann man allerdings die bisherigen Ausführungen über den Begriff des Handelns bei Subjekten unterstützen, dann müsste es auch möglich sein, diesen auf die Objekte auszuweiten, ihn neu zu institutionalisieren.

Da die Frage nach der Verantwortung in den von Latour beschriebenen Netzen, und dies soll der letzte Kritikpunkt an der Akteur-Netzwerk-Theorie sein, wohl eine der „wichtigsten und umstrittensten Fragen" (Gamm: 144) ist, soll an dieser Stelle gezeigt werden, wie diese konstruktiv bearbeitet werden könnte. Denkt man die Beziehung von menschlichen und nicht-menschlichen Wesen symmetrisch, setzt einen einfachen Handlungsbegriff voraus, bindet alles zusammen in ein Netz mit unterschiedlichen Knotenpunkten, dann erscheint es als unübersichtlich, wer für was verantwortlich zu machen ist.

In der Hoffnung, dass damit nicht allzu starke Verwirrung gestiftet wird, sollen noch einmal Theoriebausteine von Rammert/Schulz-Schaeffer verwendet werden, um zu zeigen, welche Grenzen, aber auch welche Möglichkeiten Latours Theorie liefert, um mit dem Begriff Verantwortung angemessen umzugehen.

3.6.1. Eine Objekt-orientierte Handlungstheorie

Rammert (1998) meint, dass angesichts der Technikentwicklung der letzten Jahre für die Sozialtheorie eine Gefahr darin bestehe, dass sie die neuen Phänomene und Erfahrungen nicht mehr mit ihren Mitteln bearbeiten könne. Von daher drohe ihr eine Grundlagenkrise, wenn sie für die neuen Probleme blind sei und ihre theoretischen Begriffe stumpf seien (10). Er plädiert dafür, eine neue theoretische Optik für die Sozialwissenschaften zu konzipieren.

Er selbst, wie auch Schulz-Schaeffer, gehen davon aus, dass, wenn die Akteur-Netzwerk-Theorie mit ihrer Forderung, Akteure und Artefakte symmetrisch zu behandeln, in der sozialwissenschaftlichen Technikforschung auf breite Resonanz gestoßen ist, dies wohl weniger wegen ihrer handlungstheoretischen Implikationen geschah, sondern dass es vielmehr ihr Verdienst sei, Anstöße dafür gegeben zu haben, den Beitrag der Technik bei der

Entwicklung und Aufrechterhaltung sozialer Zusammenhänge entschiedener in den Blick zu bekommen (2002: 33).

Sie nutzen diesen Perspektivenwechsel und entwickeln ein Konzept „gradualisierten Handelns“ (39), das - differenzierter als Latours Konzept der Symmetrie - darstellen kann, wie soziales Handeln sich auf menschliches Verhalten und technische Abläufe verteilen könnte, aber dennoch von Latour ausgeht.

> Weder sind wir gezwungen zu behaupten, dass technische und menschliche Aktivitäten in einem reduktionistischen Sinne dasselbe Verhalten sind. Noch müssen wir davon ausgehen, dass technisches Operieren und menschliches Handeln in einem grundsätzlichen Sinne voneinander unterschieden sind. (48)

Zunächst zeigen sie auf, auf welchen drei Ebenen ihr gradualisierter Handlungsbegriff (49)[109] aufbaut: Die erste und damit schwächste Ebene dieses Begriffs umfasst, die Fähigkeit zu einem vorher existierenden Zustand oder Ereignisablauf einen Unterschied herzustellen (vgl. Giddens: 66), eine Wirkung und Veränderung zu erzeugen. Dies kann eine kurzzeitige Störung sein, aber auch eine dauerhafte Umstrukturierung von Handlungszusammenhängen und kann mit dem Begriff der Kausalität in Verbindung gebracht werden.

Die mittlere Ebene besteht aus der Möglichkeit des „Auch-anders-handeln-Können“. Ihre Merkmalskriterien beginnen bei einer Auswahl zwischen wenigen vorgegebenen Handlungsalternativen und reichen bis hin zur „freien“ Selbstgenerierung wählbarer Alternativen (vgl. Rammert/Schulz-Schaeffer: 49)[110]. Ihr wird der Begriff der Kontingenz (45) zugeordnet.

Die dritte und voraussetzungsreichste Ebene besteht aus der intentionalen Erklärung. Ihre Merkmalskriterien beginnen bei der Zuschreibung einfacher Dispositionen und enden bei einer Verhaltenssteuerung und –koordination mittels komplexer intentionaler Semantiken. Begriffe wie Intentionalität und Reflexivität des Handelns werden ihr zugeordnet (46)[111].

---

[109] Sie beziehen sich dabei auf Giddens (56 ff)

[110] Es wird die Fähigkeit des Akteurs angesprochen, auf wechselnde oder gar neuartige Gegebenheiten seiner Umwelt einzugehen. – Eine Interaktivität „als Modus der Koordination zwischen Mensch und Maschine wie auch zwischen den Artefakten“ kann festgestellt werden. Als Beispiele dienen Computerspiele und Multiagenten-Systeme. (45/46)

[111] „Schachprogramme können demnach nicht den Willen haben, die Partie zu gewinnen, und Übersetzungsprogramme verstehen nicht, was sie mit den Wörtern tun. Aber sie lassen sich – wenn wir eine stärker operative Auffassung von Intention und Reflexivität verfolgen – so interpretieren, als ob sie eine intentionale Struktur besäßen, die alle ihre Operationen in eine bestimmte Richtung treibt, und als ob sie ein Metaprogramm aufrufen könnten, das in Rekurs auf die Reaktionen anderer Agenten die Rahmen für die eigenen Programme verändert.“ (46)

Sie erarbeiten damit „ein begriffliches Werkzeug“ (49), um einerseits menschliche Wesen, aber andererseits auch unterschiedliche technische Artefakte – nicht-menschliche Wesen – „nach dem Grad ihres (Mit-) Handelns innerhalb sozio-technischer Zusammenhänge“ unterscheiden zu können. (ebd.)

Damit erkennen sie zwar die Grundbedingungen der Akteur-Netzwerk-Theorie an, gehen aber über sie hinaus, da diese „nicht einmal zwischen veränderndem Bewirken und Auch-anders-handeln-Können zu unterscheiden erlaubt.“ (ebd.) Sie machen deutlich, dass an diesem undifferenzierten Begriff der Handlung das Problem der Akteur-Netzwerk-Theorie festzumachen ist, dass sie es nicht vermag, „zwischen dem nur effektiv situierten Handeln von Schlüsselanhängern, Türschließern und Straßenschwellen und dem genetisch situierten Handeln bereits einfachster reaktiver Software-Agenten zu unterscheiden.“ (ebd.)

Rammert/Schulz-Schaeffer verfügen damit über einen Handlungsbegriff, der es erlaubt, „Ähnlichkeiten zwischen menschlichen und technischen Aktivitäten zu beobachten, ohne solche Ähnlichkeiten begrifflich vorauszusetzen“ (50/51). Zudem können sie Unterschiede aufzeigen, „ohne eine Unterschiedlichkeit beider Phänomenbereiche begrifflich zu zementieren“ (51). Als Konsequenz ergibt sich daraus, dass sie bei einzelnen Untersuchungen[112] empirisch feststellen können, wie das Handeln verteilt ist, welcher Akteur, welchen Grad des Handelns aufweist. Beobachtbar kann damit gemacht werden, „inwieweit die Software oder die Piloteneingriffe die Maschine steuern, genauer, inwieweit der Pilot automatisierte Abläufe noch abbrechen und umsteuern kann oder umgekehrt, inwieweit die Computerprogramme das Fehlverhalten eines Piloten eigenständig korrigieren können.“ (43)

Wie in dem beschriebenen Fall könnte man mit einem gradualisierten Handlungsbegriff und einer Berücksichtigung eines verteilten Handelns von menschlichen und nicht-menschlichen Akteuren genauer untersuchen, über welchen Grad der Handlungsmöglichkeiten der jeweilige Akteur verfügt. Dabei ist nicht immer davon auszugehen, dass der menschliche Akteur einen höheren besitzt als der nicht-menschliche.

Damit kann man ausgehend von Latours Akteur-Netzwerk-Theorie mit Hilfe von Rammert/Schulz-Schaeffers gradualisiertem Handlungsbegriff Verantwortlichkeiten der jewei-

[112] Ihr Frage ist zum Beispiel: „Wer fliegt die Touristen nach Teneriffa?“ (42)

ligen Akteure angemessener bewerten als dies eine einfache Zuschreibung der Verantwortung auf menschliche Akteure kann.

4. Eine Vergesellschaftung von Objekten

Was gewinnt man nun insgesamt mit einem Konzept, das sich mit Objekten auseinandersetzt, das sich entweder mit Objekt-zentrierten Beziehungen in einer post-traditionalen Wissensgesellschaft, wie sie Karin Knorr Cetina fordert, oder mit einer Geschichtlichkeit der Dinge, einer damit verbundenen symmetrischen Anthropologie und der Aktor-Netzwerk-Theorie, wie sie Bruno Latour vorstellt, beschäftigt?

Nimmt man die Wissenschaftsforschung und ihre Laborstudien zu Hilfe und betrachtet so die wissenschaftlichen Objekte, dann kann man einer „Verflochtenheit des Handelns von Dingen und Sozialem" (Fohler: 261) nicht aus dem Wege gehen. Akzeptiert man Karin Knorr Cetinas Ausführungen über eine Sozialität mit Objekten, die Theoriebezüge zu Lacan, Mead und Durkheim herstellen kann, und geht sogar soweit, den Aktantenstatus von Bruno Latour anzuerkennen, dann verändert sich im Denken nicht nur der Status der Objekte, sondern zugleich situiert sich auch das Menschliche neu (Fohler: 261). Kann man mit Hilfe dieser Ausführungen das Konzept eines autonomen, mit sich selbst-identischen Subjektes verabschieden, dann muss man nicht unweigerlich zu einem Subjekt gelangen, das von seinem Geschick[113] beherrscht wird, sondern, man kann dann das Menschliche besser erfassen, indem man ihm „den Anteil der Dinge" (Latour, 1998: 182) zurückgibt.

Was kann dies bedeuten, wenn menschliche und nicht-menschliche Wesen sich gegenseitig beeinflussen und verändern und Objekt-zentrierte Sozialitäten bilden? Als Beispiele, Gedankenexperimente, sollen drei Diskussionspunkte aufgezeigt werden, in die sich diese Konzepte integrieren lassen und zu einem besseren, allerdings nicht unbedingt einfacherem Verständnis beitragen können.

Begonnen werden soll damit, vorzuführen, wie sich eine differenziertere Auseinandersetzung mit Zukunftsperspektiven ergeben kann, berücksichtigt man das Aktanten-Modell oder Objekt-zentrierte Beziehungen im Wissensgewinnungsprozess. Ob diese Zukunft dann als vorbestimmt, deterministisch anzusehen ist oder gestaltbar aufgefasst werden kann, soll im Folgenden gezeigt werden.

[113] „Hast du das Ding selbst konstruiert, oder ist es autonom?" vgl. Latour, 2002: 345

Armin Grunwald liefert hierzu einen Vorschlag, der die Problemlage überschaubar darstellen kann. Dieser verdeutlicht, wie unterschiedlich Zukunft konzeptualisiert werden kann und wie diese Konzeptualisierungen mit unterschiedlichen Konsequenzen in der Beurteilung der Gestaltbarkeit von Technik (20), aber auch der Gestaltbarkeit von Forschungsprozessen korrespondiert. Grunwald stellt drei Typen der Konzeptualisierung der Zukunft vor: „die prognostische, die gestalterische und die evolutive" (20). Da Bezugsmöglichkeiten der Ausführungen von Karin Knorr Cetina[114] und Bruno Latour zu der evolutiven[115] Konzeptualisierung in dieser Arbeit nicht explizit angelegt sind, soll diese nicht weiter verfolgt werden. So sollen die Bezüge zu der prognostischen und gestalterischen Sicht hergestellt werden:

Die prognostische Sicht auf Zukunft „besteht vor allem in dem Wunsch, die Zukunft *vorab* kennen zu lernen, um nicht den Unsichtbarkeiten und Unwägbarkeiten ausgeliefert zu sein und von ihnen überrascht zu werden, sondern Wissen über die Zukunft[116] zu besitzen, damit man sich auf sie einstellen kann." (Grunwald: 21) Um dies zu erreichen, wird versucht, „aus dem gegenwärtigen Wissen bestimmte Entwicklungen oder Parameter der Zukunft abzuleiten." (ebd.) Der logisch sicherste Weg, die wissenschaftstheoretisch bekannteste Argumentationsfigur hierfür, ist der deduktiv-nomologische Schluss. Im Forschungsprozess gewonnene Ausgangsbedingungen und Gesetze werden dazu genutzt, Zukunftswissen (deduktiv) abzuleiten. Konsequenterweise muss davon ausgegangen werden, dass sich weder die Bedingungen noch die Gesetze ändern. Diese Voraussetzungen einer Zukunftsvorhersage weisen zusätzlich implizit die Konsequenz auf, dass die Zukunft vorherbestimmt, nicht gestaltbar und damit deterministisch festgelegt ist. (vgl. Grunwald: 22/23)

Hinter dieser Sichtweise, wendet man nun die Theoriekonzepte von Karin Knorr Cetina und Bruno Latour an, verbergen sich mindestens zwei Problempunkte. Zum einen können

[114]Mit theoretischen Bezügen zur biologischen Evolutionstheorie setzt sich Karin Knorr Cetina bei der Beschreibung: „*Discovery* als sozialer Prozess" (1984: 36) auseinander. Allerdings wurde in meiner Arbeit dieser Aspekt ihrer Forschung nicht dargestellt und so soll auch an dieser Stelle darauf verzichtet werden.

[115]„Die evolutive Sicht der Zukunft stammt aus evolutionstheoretischen Deutungen der Vergangenheit. Technik-entwicklung kann danach, so der Grundgedanke, als Evolutionsprozess unter den Gesetzen von Variation und Selektion modelliert werden. [...] Evolutionäre Technikentwicklung ist ergebnisoffen, nicht determiniert und nicht prognostizierbar. Zukunft wird als ein offener Raum betrachtet, der nicht determiniert ist, sondern durch die Ereignisse in der Gegenwart vorgeprägt wird. Dieser offene Raum ist danach allerdings auch nicht einer intentionalen Gestaltung zugänglich." (Grunwald: 25/26)

[116] Grunwald schreibt: „Das Orakel von Delphi war in der Antike eine gesellschaftlich etablierte Institution, solches Zukunftswissen zu bekommen. In der Moderne fällt die Aufgabe der Generierung von Zukunftswissen hauptsächlich den Wissenschaften zu." (21)

nicht alle Bedingungen und Gesetze bekannt sein. Zum anderen kann, selbst wenn sie bekannt wären, nicht davon ausgegangen werden, dass diese auch in der Zukunft noch ihre Gültigkeit beanspruchen können. Bei Karin Knorr Cetina wird diese Aussage von der Darstellung der Technologien in den Laboratorien unterstützt. Weder die Korrespondenz-, schon gar nicht die Interventions-, erst recht nicht die Repräsentationstechnologie können Bedingungen herstellen, die beanspruchen können, die realen Gegebenheiten vollständig abzubilden. Damit wird bereits an dieser Stelle deutlich, dass nicht alle Ausgangsbedingungen und Gesetze bekannt sein können. Deutlich wird aber auch, dass dadurch keine Gesetze über diese realen Gegebenheiten entwickelt werden können, die so beschaffen sind, dass sie auch in Zukunft (immer und überall) bedingungslos Gültigkeit beanspruchen können. Es ist vielmehr davon auszugehen, dass die Forschungsergebnisse immer wieder, um sich asymptotisch dieser Wirklichkeit anzunähern, modifiziert werden müssen und dadurch zu neuen Bedingungen und Gesetzen führen können.

Die Stellung des epistemischen Objekts jedoch, das über den Objektmangel eine Objektzentrierte Sozialität herstellt, kann aufzeigen, dass nicht erwartet werden kann, dass das Wissen über die wissenschaftlichen Gegenstände in Zukunft das selbe sein wird, wie es in der Gegenwart ist. Das epistemische Ding entwickelt bei dem Forscherkollektiv, übernimmt man das Theoriegebäude von Karin Knorr Cetina, eine Dynamik, die den Forschungsprozess nicht still stellt, sondern die Forscher dazu auffordert, den Objektmangel[117] zu beheben, folglich weiterzuforschen. Wissen und Gesetzmäßigkeiten, die von diesem Wissen abgeleitet werden können, müssen sich geradezu zwangsweise, zwar nicht unbedingt sofort, jedoch auf einen längeren Zeitraum gesehen, verändern.

Nimmt man Bruno Latours Theoriegebäude, um diese Aussage zu untersuchen, dann zeigt sich anhand seines Referenzmodells, dass sich bei jedem Forschungsschritt, bei jeder neuen Referenz ein „gap", eine Bruchstelle, auftut, die nicht geschlossen werden kann. Dass die Kette der Transformationen nicht lügt, wird dadurch gewährleistet, dass diese Kette kein Ende und kein Anfang besitzt, sondern von den bisherigen Erkenntnissen aus den Wissenschaften unterstützt wird. Dennoch bleiben diese Bruchstellen bestehen. Wie brüchig dieser Transformationsprozess ist, zeigt Latour durch den Blutkreislauf der Wissenschaft, der

[117] Armin Grunwald, wenn auch nicht explizit, entwickelt aus diesem Objektmangel eine Konsequenz: „Das fehlende Wissen soll in neuen Forschungsgebieten erarbeitet werden [...], um dort Verlaufsgesetze aufzudecken. Konsequenterweise leitet sich hieraus ein Bedarf nach mehr Forschung ab, um bessere Prognosen zu ermöglichen." (22)

aufrechterhalten werden muss, um sicherzustellen, dass das System nicht lügt. Bricht eine Referenz weg, muss erneut ausgehandelt werden, ob das Wissen noch Gültigkeit beanspruchen kann.

Aber auch bei ihm unterstützt vor allen Dingen das Modell der Aktanten, der Akteure, die sich gegenseitig Propositionen zuschreiben, und sich damit in einem Prozess befinden, der über den Kreislauf der Wissenschaften ständig fortgesetzt wird, die Aussage, dass eine Zukunft nicht voraussehbar sein kann. Beide Akteure, Aktanten befinden sich in einem Prozess, der sie fortwährend Veränderungen aussetzt, die sich daraufhin auswirken können, dass nicht im vorhinein feststeht, welche neuen Möglichkeiten im Wissensgewinnungsprozess auf beiden Seiten der Akteure entstehen können.

Zum anderen kann jedoch mit Bezügen zu beiden Theoriegebäuden festgestellt werden, dass die Bedingungen und Gesetze, die eine Zukunft prognostizierbar machen, partiell bekannt sind und dass ausgehend von diesen die Zukunft bis zu einem bestimmten Teil vorbestimmt und damit voraussehbar ist. Bei Karin Knorr Cetina wird dies vor allen Dingen durch die technischen Dinge gewährleistet, von denen vorausgesetzt wird, dass sie gesichertes Wissen darstellen. Sie legen die Rahmenbedingungen fest, unter denen das neue Wissen dargestellt, generiert wird. Ändert sich das technische Ding nicht, so ändern sich auch die Rahmenbedingungen nicht. Damit ist festgelegt, in welchem Umfang sich der Forschungsprozess bewegt, welche Grenzen ihm gesetzt sind.

Bruno Latour kann durch seine Geschichtlichkeit der Dinge und seiner Darstellung der Substanz als Institution zeigen, dass ab einem bestimmten Zeitpunkt den einzelnen Aktanten *eine* raum-zeitliche Hülle unterstellt werden kann, die auch durchaus dazu dienen kann, bis zu einem gewissen Grad eine Zukunftsprognose[118] abzugeben.

Beide Konzepte zeigen allerdings auch, wie brüchig Prognosen sein müssen, denn das technische Ding kann im Verlauf des Forschungsprozess sich einerseits verändern, andererseits kann es zu einem epistemischen Ding transformieren. Auch die raum-zeitliche Hülle, die Substanz als Institution beansprucht für sich nicht immer und überall zu gelten. Werden neue Propositionen zugeschrieben, wird im Forschungsprozess neues Wissen gefunden,

[118]Bei der Expedition, die Latour begleitete und die untersuchen sollte, ob der Urwald in die Savanne, oder die Savanne in den Urwald vorstößt, gelangen die sorgfältig durchgeführten pedologischen Forschungsergebnisse zu genau der umgekehrten Vorhersage wie die botanischen. (Latour, 2002: 36 ff)

dann kann sich der jeweilige Akteur so stark verändern, dass neue Perspektiven für die Zukunft gewonnen werden, die zuvor noch nicht denkbar waren.

Komplementär zur prognostischen Sicht kann die gestalterische angesehen werden. Diese geht tendenziell davon aus, dass die Zukunft offen ist und damit gestaltet werden kann. Grunwald differenziert den Begriff der Offenheit der Zukunft weiter aus. Er stellt fest, dass diese Offenheit zum einen eine Ablehnung des Determinismus und damit zugleich in bestimmten Bereichen eine Skepsis gegenüber Prognosemöglichkeiten impliziert. Zum anderen bedeutet diese Offenheit nicht, „dass sie für uns offen ist, weil wir nichts darüber wissen (können), sondern eine Offenheit, die unseren *Entscheidungen* geschuldet ist." (24)

Diese Entscheidbarkeit über Zukünftiges als die Möglichkeit der Auswahl zwischen mehreren Optionen ist von daher für ihn ein zentrales Element für die Gestaltbarkeit von Zukunft. „Diese Entscheidbarkeit und ihre Implikation, dass nämlich der weitere Verlauf der Zukunft von diesen noch zu treffenden Entscheidungen abhängt, ist die Ursache der Skepsis gegenüber Prognosen." (24) Damit kann er aber auch verdeutlichen, welche Bedeutung Zielsetzungen besitzen, unter denen diese Entscheidungen getroffen werden, die einerseits möglich, andererseits aber auch notwendig sind. Von daher wird das Planen als ein Entwerfen von möglichen Zielen und möglichen Handlungsgefügen zur zentralen Operationalisierung des Gestaltens: „das Eröffnen und Ausgestalten von Optionen sowie die Auswahl einer bestimmten Option unter Kriterien, die vom gewählten Zielsystem abhängen." (25)

An welchen Stellen des Forschungsprozesses auf dem Weg von einer vagen Behauptung zu einer wissenschaftlichen Tatsache werden solche Entscheidungen unter welchen Zielsetzungen getroffen? Anders formuliert: Wie kann man mit Hilfe von Karin Knorr Cetina und Bruno Latour diesen Prozess so untersuchen, dass deutlich gemacht werden kann, dass bestimmte Entscheidungen unter bestimmten Zielsetzungen getroffen wurden, dass Zukunft gestaltet wurde?

Bei Karin Knorr Cetina wird eine der ersten Entscheidungen bereits dann gefällt, wenn festgelegt werden muss, mit welcher Technologie das jeweilige Labor arbeiten soll. Aufgrund dieser Technologie werden dann die jeweiligen technischen Dinge ausgewählt, die die Rahmenbedingungen für den Forschungsprozess festlegen. Ein Kollektiv wird ausgesucht, das die Forschungsfragen unter diesen Bedingungen bearbeiten soll/kann. Erst neue

Zielsetzungen, die dann damit verbunden sind, dass diese Rahmenbedingungen erweitert werden, können den zuvor festgelegten Forschungsprozess überschreiten, unterliegen aber auch dann einem neuen Zielsetzungsprozess, der gestaltet werden kann/muss.

Sieht man sich allerdings die Objekt-zentrierten Kollektive an und integriert damit Theoriebestandteile des Symbolischen Interaktionismus[119] in diese Konzeption, dann wird an dieser Stelle sichtbar, dass sich auch unbewusst, ohne eine vorher neu festgelegte Zielsetzung, der Forschungsprozess verschieben kann. Innerhalb des Kollektivs können über das Konzept der Rollenübernahme Teile des Subjekts in das Objekt eintreten oder zum Objekt werden und umgekehrt. Die Rolle des anderen, die über Gesten, Rituale und Verhaltensdispositionen vermittelt wird, kann vom Subjekt nicht einfach ignoriert werden, sondern fließt in seine eigenen Verhaltensdispositionen mit ein. Damit können über das Objekt während des Forschungsprozesses innerhalb des Kollektivs neue Interpretationsmuster entstehen, die nicht voraussetzen, dass zuvor neue Ziele formuliert wurden. Die Zukunft ist dann zwar immer noch offen, aber sie wird nicht über bewusste Entscheidungsprozesse gestaltet.

Bei Bruno Latour kann man diese Entscheidungsprozesse an seinem Referenzmodell aufzeigen, jeder Transformationsschritt ist mit Entscheidungen verbunden. Auch an seinen Allianzen, Verknüpfungen, Delegationen und Vermittlungsprozessen kann man sie sichtbar machen. Immer wieder werden Bedingungen ausgehandelt, die zu bestimmten Zielen führen sollen.

Dennoch zeigt gerade Bruno Latours System der menschlichen und nicht-menschlichen Akteure, dass dieser Prozess über zuvor festgelegte Zielsetzung hinausgehen kann und dann damit außerhalb einer gezielten Gestaltbarkeit anzusiedeln ist. Da sich im Verlauf des Prozesses die Aktanten neue Propositionen zuschreiben, sich besser artikulieren, können sie sich so stark verändern, dass sie aus dem zuvor festgelegten Zielsetzungssystem herausfallen, zu vorher nicht einkalkulierten bzw. einkalkulierbaren Aktanten werden.

Damit können beide Konzepte genutzt werden, um Probleme und Möglichkeiten bei der Untersuchung von Gestaltbarkeit und Nicht-Gestaltbarkeit des Forschungsprozesses aufzuzeigen.

---

[119] Bei genaueren Untersuchungen könnte wahrscheinlich eine evolutive Konzeptualisierung hier eingearbeitet werden.

Ausgehend von diesen Ansätzen kann man nun noch einen Schritt weiter gehen, dies ist der zweite Diskussionspunkt, der dargestellt werden soll, den Raum des Laboratoriums verlassen und die Gesellschaft selbst als Laboratorium (vgl. Krohn/Weyer: 349) bezeichnen.

Krohn/Weyer vertreten die These, dass in der modernen Wissenschaft Tendenzen existieren, „Forschungsprozesse und die mit ihnen verbundenen Risiken über die institutionalisierten Grenzen der Wissenschaft hinauszutreiben und die Gesellschaft mit der Durchführung von Experimenten zu belasten" (349)[120]. Übernimmt man diese These, dann wird tatsächlich die Gesellschaft selbst zum Labor.

Zum einen wird so deutlich, dass unter dieser Voraussetzung Wissensgesellschaft eine Gesellschaft bezeichnet, die ihre Existenz auf experimentelle Praktiken gründet (vgl. Groß/Hoffmann-Riem/Krohn: 14). Zum anderen kann die Darstellung der Gesellschaft als Labor genutzt werden, aufzuzeigen, wie diese experimentellen Praktiken funktionieren und welche Probleme sie aufweisen.

Die Konzeptionen von Karin Knorr Cetina und Bruno Latour liefern dann auch hierzu das Erkenntnisinstrumentarium, mit dem dies genauer untersucht werden kann. Über Karin Knorr Cetinas Ausführungen kann festgestellt werden, welche Technologie bei der jeweiligen experimentellen Praxis angewandt wurde. Über das Konzept des technischen Dinges kann gezeigt werden, welche Rahmenbedingungen festgelegt wurden und an welchen Stellen auf fundiertes Wissen zurückgegriffen wurde. Es kann sogar nachgewiesen werden, mit welchen Risiken zu rechnen ist, werden Forschungsprozesse in die Gesellschaft hineingetragen. Mit Hilfe des Konzepts des epistemischen Dinges kann deutlich gemacht werden, an welchen Stellen ein Objektmangel auftritt, wo folglich kein gesichertes Wissen vorhanden ist und weiterer Forschungsbedarf besteht. Es kann damit auch vorgeführt werden, welchen Erkenntnisgewinn man erwartet, implementiert man die Forschungsprozesse in die Gesellschaft.

Bruno Latours Referenzmodell kann aufzeigen, welche Transformationsschritte vollzogen wurden, um zu dem jeweiligen Wissen zu gelangen. Besonders aufschlussreich dürfte es sein, mit Hilfe seiner Konzeption der Allianzen zu untersuchen, wann und wo im For-

[120] Krohn/Weyer stellen fest, dass sowohl in der Kernkraft als auch in weiteren Bereich der Forschung die Wissenschaft ihren Grenzen entwächst und die Gesellschaft und ihre biologischen Lebensbedingungen als ein Labor benutzt, um neues Wissen durch Theorie und Experiment zu erzeugen. (352)

schungsprozess zu welchem Zweck diese eingegangen wurden. In seinem Beispiel des Laboratoriums für die Kernspaltung könnte dann sehr früh im Forschungsprozess aufgezeigt werden, dass zwar ein gemeinsames Ziel formuliert wurde, dass ein gemeinsames Interesse entstand, dass allerdings ganz unterschiedliche ursprüngliche Ziele zu diesem führten. So könnte an diesem Beispiel verdeutlicht werden, dass das Interesse, wissenschaftliche Ergebnisse zu Zwecken der Kriegsführung zu verwenden, nicht erst nach dem Forschungsprozess entstanden ist.

Über sein Modell der Aktanten kann untersucht werden, wie sich die jeweiligen Akteure, menschliche und nicht-menschlichen Wesen, innerhalb der Gesellschaft während des Prozesses verändern, welche neuen Dispositionen ihnen zugeschrieben werden können.

Arbeitet man Grunwalds Ausführungen über die Gestaltbarkeit und Nicht-Gestaltbarkeit, wie oben vorgeführt, in Bruno Latours und Karin Knorr Cetinas Theoriegebäude ein und untersucht damit die Experimente, die als Realexperimente in die Gesellschaft hineingetragen wurden, dann kann man an verschiedenen Stellen sichtbar machen, wo und wie gestaltet wurde oder in Zukunft gestaltet werden kann, wo und welche Prognosen abgegeben werden können und wo und wann nicht.

Man kann dann einerseits aufzeigen, dass bestimmte Unsicherheiten und Risiken nicht als Schicksalsschläge auftreten, sondern als „hypothetisch beschriebene, in wissenschaftliche Prognosen eingebettete und durch technische Vorkehrungen zu verhindernde, also in ihren wesentlichen Merkmalen und Entstehungsbedingungen bekannte Sachverhalte“ (Krohn/ Weyer: 351). Diese Art der Unsicherheiten und Risiken resultiert dann in keinster Weise aus wissenschaftlicher Unkenntnis und technischer Unfähigkeit, sondern wird bewusst (von wem auch immer) eingegangen (vgl. ebd.)[121], um zu neuen Forschungsergebnissen zu gelangen, um Wissen zu bestätigen.

Andererseits kann man aber, wendet man die oben dargestellten Analysemöglichkeiten von Karin Knorr Cetina und Bruno Latour an, auch deutlich zeigen, dass diese experimentellen Praktiken, Realexperimente, die in der Gesellschaft zu verorten sind, mit Kants Vorstellung der Labormethode brechen müssen, bei der der Experimentator der Natur gegenüber auf-

---

[121] Krohn/Weyer stimmen an dieser Stelle Kants Aussage, „dass die Vernunft nur einsieht, was sie nach ihrem Entwurfe hervorbringt“ (KrV: B XIII) zu. Die Natur wird in diesem Fall genötigt, auf die Fragen zu antworten (351).

tritt, wie ein „bestallter Richter, der die Zeugen nötigt“ (KrV: B XIII). Im Realexperiment, in der Gesellschaft als Labor, wird jeder, der von diesem betroffen ist, selbst Teil des Experiments (vgl. Groß/Hoffmann-Riem/Krohn: 28). Er geht Objekt-zentrierte Beziehungen ein oder wird zum Aktanten, verändert sich und seine Denk-, Wahrnehmungs- und Handlungsmöglichkeiten und wird zum Mitforscher (Latour, 2004: 194).

So kann man als dritten und letzten Punkt, wie Latour schreibt, zusammenfassend feststellen und diskutieren: „...heute sind wir alle in eine Reihe kollektiver Experimente einbezogen, die die engen Grenzen der Laboratorien überschreiten.“ (185) Wir befinden uns in einem Experiment von und mit uns allen (Titel). Was leitet er daraus ab?

Wieder beginnt er seinen Text mit einem Beispiel:

> Während ich diese Zeilen schreibe, sind Tausende von Beamten, Polizisten, Veterinären, Bauern, Zollbeamten, Feuerwehrleuten in ganz Europa dabei, die Maul- und Klauenseuche zu bekämpfen, die in so vielen Landstrichen wütet. Daran ist zwar nichts Neues, das öffentliche Gesundheitswesen wurde vor zwei Jahrhunderten ja erfunden, um die Ausbreitung von Infektionskrankheiten zu bekämpfen, sei es durch Quarantäne oder später durch Desinfektion und Impfung. Neu und verstörend ist jedoch, dass die gegenwärtige Epidemie gerade auf die kollektive Entscheidung zurückgeht, nicht zu impfen. (183)

Deutlich gemacht werden soll mit diesem Beispiel nicht, dass die Mutter Natur es dem Menschen verbietet, ihre Grenzen zu übertreten (190), sondern vielmehr soll gezeigt werden, dass wir uns aufgrund einer kollektiven Entscheidung hineingezogen finden „in die unerwünschten – wenn auch vorhersehbaren – Folgen eines Experiments im gesamteuropäischen Maßstab, wie lange nämlich ein nichtgeimpfter Viehbestand ohne einen neuerlichen Ausbruch dieser Krankheit überleben kann. Ein schöner Beleg für das, was Ulrich Beck ´selbst erzeugte Risiken` nennt.“ (185)

Es geht Latour auch nicht darum, zu diskutieren, ob der Viehbestand geimpft werden hätte müssen (186), denn diese Diskussion wurde bereits während des Entscheidungsprozesses, in dem Gründe für und gegen das Impfen abgewägt wurden, geführt, sondern er möchte darauf hinweisen, dass danach gefragt werden muss, ob dies ein gut oder schlecht angelegtes Experiment sei. (ebd.)

In diesem Zusammenhang zeigt er auf, dass man sich ein Labor, wie bereits in dieser Arbeit gezeigt, nicht mehr so vorstellen kann, wie dies in früheren Zeiten geschah, „wo eine kleine Gruppe spezialisierter Experten Phänomene erzeugte, die sich nach Belieben durch Simulationen und Modelle wiederholen konnte." (ebd.) Die in diesem örtlich begrenzten Zentrum erzeugte Erkenntnis taucht vielmehr auf und sickert langsam in die Gesellschaft hinein. (ebd.)

Dies hat für Latour drei Konsequenzen: Zum einen verlaufen nun die Mauern des Laboratoriums um den ganzen Planeten herum (ebd.). Zum anderen formulieren sehr viel mehr Leute Forschungsfragen und bestehen auf Forschungsvorhaben, da sehr viel mehr Menschen von solch einem Experiment betroffen sind. (ebd.) Zum dritten wird dieses Experiment im Maßstab eins zu eins und in Echtzeit durchgeführt. (ebd.)

Wenn Latour anschließend die Frage stellt:

> Was ist nun der Unterschied zwischen diesem kollektiven Experiment und dem, was man üblicherweise als politische Situation bezeichnet, die jeden interessiert und betrifft? (187)

kann er nur zu einer Antwort gelangen:

> Es gibt keinen, und das ist der springende Punkt. (ebd.)

Damit möchte er nicht behaupten, „dass nun alles politisch ist" (ebd.), sondern er behauptet, dass die Dichotomie zwischen Subjekt und Objekt, zwischen Natur und Kultur aufgehoben worden ist, unter Umständen noch nie existiert hat. Von daher kann man nicht mehr von zwei unterschiedlichen Typen der Repräsentation ausgehen: Einer Repräsentation, die für die Dinge der Natur verantwortlich ist und Begriffe wie Genauigkeit, Präzision und Referenz umfasst und eine, die die Menschen in der Gesellschaft vertritt und dann Treue, Wahl und Gehorsam bedeutet (ebd.), sondern beide Bedeutungen der Repräsentation sind zu einer verschmolzen und zentrieren sich um das Schlüsselwort des „Sprechers". (ebd.)

Für die politische Situation würde dies bedeuten, dass hybride Foren gebildet werden müssen, in denen die einzelnen Sprecher unterschiedliche menschliche und nichtmenschliche Wesen vertreten. „Wichtig ist, dass alle diese Sprecher am gleichen kollektiven Experiment beteiligt sind und gleichzeitig über Gemenge von Menschen und Dingen sprechen." (188) Mit Hilfe dieser Erweiterung seiner Konzeption versucht er, eine neue Definition der Souveränität zu finden (187), die dann dazu führen kann, über eine Verteilung von Rollen, Funktionen, Kräften zwischen Menschen und nichtmenschlichen Wesen einen Kosmos, eine „schöne Ordnung" wie ein gut angelegtes Experiment neu zu entwerfen und damit zu entscheiden, in welcher Welt wir leben wollen (vgl. 190).

5. Literaturverzeichnis

Amann, Klaus (1994): Menschen, Mäuse und Fliegen. Eine wissenssoziologische Analyse der Transformation von Organismen in epistemische Objekte, Zeitschrift für Soziologie 23 (I), S. 22-40.

Alford, C.Fred (1991): The Self in Social Theory, New Haven.

Bachelard, Gaston (1987): Die Bildung des wissenschaftlichen Geistes. Beitrag zu einer Psychoanalyse der objektiven Erkenntnis, Frankfurt am Main.

Bataille, Georges (2001): Die Aufhebung der Ökonomie, München.

Bourdieu, Pierre (1988): Homo academicus, Frankfurt.

Bourdieu, Pierre (1998): Praktische Vernunft, Zur Theorie des Handelns, Frankfurt.

Callon, Michel/Latour, Bruno: Don´t Throw the Baby Out with the Bath School! A Reply to Collins and Yearley, in: Pickering, Andrew (Hrsg.) (1992): Science as Practice and Culture, Chicago. S. 343-368.

Derrida, Jacques (1995): Mal d`Archive (Archive Fever), Paris.

Duden, Barbara (1991): Der Frauenleib als öffentlicher Ort, Hamburg/Zürich.

Durkheim, Emilie (1977): Über soziale Arbeitsteilung, Frankfurt am Main.

Fleck, Ludwik (1980): Entstehung und Entwicklung einer wissenschaftlichen Tatsache, Frankfurt am Main.

Fohler, Susanne (2003): Techniktheorien. Der Platz der Dinge in der Welt des Menschen, München.

Foucault, Michel (1973): Archäologie des Wissens, Frankfurt am Main.

Foucault, Michel (1986): Die Sorge um sich, Sexualität und Wahrheit 3, Frankfurt am Main.

Fox Keller, Evelyn (2001): Das Jahrhundert des Gens, Frankfurt am Main.

Gamm, Gerhard (2004): Der unbestimmte Mensch. Zur medialen Konstruktion von Subjektivität, Berlin, Wien.

Gehring, Petra (2006): Was ist Biomacht? Vom zweifelhaften Mehrwert des Lebens, Frankfurt/New York.

Giddens, Anthony (1997): Die Konstitution der Gesellschaft. Grundzüge einer Theorie der Strukturierung, Frankfurt am Main/New York.

Groß, Matthias/Hoffmann-Riem, Holger/Krohn, Wolfgang (2005): Realexperimente. Ökologische Gestaltungsprozesse in der Wissensgesellschaft, Bielefeld.

Groys, Boris (1997): Technik im Archiv. Die dämonische Logik technischer Innovation; in: Technik und Gesellschaft. Jahrbuch 9, S. 15-32.

Grunwald, Armin: Die Unterscheidung von Gestaltbarkeit und Nicht-Gestaltbarkeit der Technik, in: Grunwald, Armin (Hrsg.) (2003): Technikgestaltung zwischen Wunsch und Wirklichkeit, Berlin, Heidelberg, New York, S. 19–38.

Hacking, Ian (1983): Representing and Intervening, Cambridge.

Haraway, Donna (1997): Modest_Witness@Second_Millenium, Routledge, New York.

Hartmann, Dirk/Janich, Peter: Die Kulturalistische Wende, in: Hartmann, Dirk/Janich, Peter (Hrsg.) (1998): Die Kulturalistische Wende, Frankfurt am Main, S. 9-22.

Hauskeller, Christine (2000): Das paradoxe Subjekt, Tübingen.

Hegel, Georg Wilhelm Friedrich (1975): Phänomenologie des Geistes, Frankfurt am Main.

Heidegger, Martin (1962): Die Technik und die Kehre, Stuttgart.

Heidegger, Martin (1953): Sein und Zeit, Tübingen.

Höffe, Otfried (1983): Immanuel Kant, München.

Höffe, Otfried (1993): Moral als Preis der Moderne. Ein Versuch über Wissenschaft, Technik und Umwelt, Frankfurt am Main.

Horkheimer, Max/Adorno, Theodor W. (1969): Dialektik der Aufklärung, Frankfurt am Main.

Hume, David (1993): Eine Untersuchung über den menschlichen Verstand, Hamburg.

Janich, Peter (1997): Das Maß der Dinge, Protophysik von Raum, Zeit und Materie, Frankfurt am Main.

Janich, Peter: Was macht experimentelle Resultate empiriehaltig? Die methodisch-kulturalistische Theorie des Experiments, in: Heidelberger, Michael/Steinle, Friedrich (Hrsg.) (1998): Experimental Essays – Versuche zum Experiment, Baden Baden, S. 93 – 112.

Janich, Peter (2003): Technik und Kulturhöhe in: Grunwald, Armin (Hrsg.), Technikgestaltung zwischen Wunsch und Wirklichkeit, Berlin, Heidelberg, S. 91-104.

Joas, Hans (1980): Praktische Intersubjektivität, Die Entwicklung des Werkes von G.H. Mead, Frankfurt am Main.

Joas, Hans: George Herbert Mead, in: Kaesler, Dirk (Hrsg.) (1999): Klassiker der Soziologie, Band 1, München.

Joerges, Bernward: Überlegungen zu einer Soziologie der Sachverhältnisse, „Die Macht der Sachen über uns“ oder „Die Prinzessin auf der Erbse“ in: Leviathan (1979): Zeitschrift für Sozialwissenschaft, Jahrgang 7, S. 125-137.

Joerges, Bernward (1996): Technik, Körper der Gesellschaft, Frankfurt am Main.

Kant, Immanuel (1974): Kritik der reinen Vernunft (KrV), Frankfurt am Main.

Kants Artikel „Beantwortung der Frage: Was ist Aufklärung?“ in: Bahr, Ehrhard (Hrsg.) (1974): Was ist Aufklärung? Thesen und Definitionen, Stuttgart.

Kant, Immanuel (2001): Prolegomena zu einer jeden künftigen Metaphysik, Hamburg.

Knorr Cetina, Karin (1984): Die Fabrikation von Erkenntnis, Frankfurt am Main.

Knorr Cetina, Karin: The Couch, the Cathedral and the Laboratory: On the Relationship between Experiment and Laboratory in Science, in: Pickering, Andrew (Hrsg.) (1992): Science as Practice and Culture, Chicago, S.113-138.

Knorr Cetina, Karin (1998a): Die Manufaktur der Natur – oder: Die alterierten Naturen der Naturwissenschaft, in ITW-Paper Nr. 23 zur Tagungsdokumentation „Die *Natur* der Natur“ der Universität Bielefeld.

Knorr Cetina, Karin: Sozialität mit Objekten, in: Rammert, Werner (Hrsg.) (1998b): Technik und Sozialtheorie, Frankfurt am Main/New York.

Knorr Cetina, Karin (2002): Wissenskulturen, Ein Vergleich naturwissenschaftlicher Wissensformen, Franfurt am Main.

Krohn, Wolfgang/Weyer, Johannes (1989): Gesellschaft als Labor. Die Erzeugung sozialer Risiken durch experimentelle Forschung, in: Soziale Welt 40 (3), S. 349-373.

Lacan, Jacques/Wilden, Anthony (1968): Speech and Language in Psychoanalysis, Baltimore.

Lacan, Jacques (2003): Das Seminar, Buch IV, Die Objektbeziehung, Wien.

Lange, Rainer: Zwischen Skylla und Charybdis? in: Hartmann, Dirk,/Janich, Peter (Hrsg.) (1998): Die Kulturalistische Wende, Frankfurt am Main, S. 23 – 56.

Latour, Bruno (1996): Der Berliner Schlüssel, Erkundungen eines Liebhabers der Wissenschaften, Berlin.

Latour, Bruno (1998): Wir sind nie modern gewesen, Versuch einer symmetrischen Anthropologie, Frankfurt am Main.

Latour, Bruno (2002): Die Hoffnung der Pandora, Frankfurt am Main.

Latour, Bruno: Ein Experiment von und mit uns allen, in: Gamm, Gerhard/Hetzel, Andreas/ Lilienthal Markus (Hrsg.) (2004): Die Gesellschaft im 21. Jahrhundert. Perspektiven auf Arbeit, Leben, Politik, Frankfurt am Main, S. 185-195.

Lilienthal, Markus: Emile Durkheim: Über soziale Arbeitsteilung. Studie über die Organisation höherer Gesellschaften (1893), in: Gamm, Gerhard/Hetzel, Andreas/ Lilienthal Markus (Hrsg.) (2001): Hauptwerke der Sozialphilosophie, Stuttgart, S. 57 – 71.

Luhmann, Niklas (1984): Soziale Systeme, Grundriss einer allgemeinen Thoerie, Frankfurt am Main.

Luhmann, Niklas: System und Absicht der Erziehung, in: Luhmann, Niklas/Schorr, Eberhard (Hrsg) (1992): Zwischen Absicht und Person, Frankfurt am Main, S. 102-124.

Mead, George H. (1968): Geist, Identität und Gesellschaft, Frankfurt am Main.

Mittelstraß, Jürgen (Hrsg.) (2004): Enzyklopädie Philosophie und Wissenschaftstheorie, Stuttgart, Weimar.

Nagl, Ludwig (1998): Pragmatismus, Frankfurt am Main, New York.

Nordmann, Alfred: Die im Lichte sieht man nicht? (Nackte Tatsachen in der Wissenschaftskritik), in: Claus Zittel (Hrsg.) (2002): Wissen und soziale Konstruktion, Berlin.

Nordmann, Alfred (2005a): *Noumenal* Technology: Reflections on the Incredible Tininess of Nano.

Nordmann, Alfred: Immanuel Kant: Kritik der reinen Vernunft, in: Gamm, Gerhard, Schürmann, Eva (Hrsg.) (2005b): Von Platon bis Derrida, Darmstadt.

Peirce, Charles Sanders (1868): Fragen hinsichtlich gewisser Vermögen, die man für den Menschen in Anspruch nimmt, in : Apel, Karl-Otto (Hrsg.) (1967): Schriften I, Zur Entstehung des Pragmatismus, Frankfurt am Main, CP 5.213 – 5.263.

Peirce, Charles Sanders (1868): Einige Konsequenzen aus vier Unvermögen, in : Apel, Karl-Otto (Hrsg.) (1967): Schriften I, Zur Entstehung des Pragmatismus, Frankfurt am Main, CP 5.264 – 5.317.

Peirce, Charles Sanders (1877): Die Festlegung einer Überzeugung, in : Apel, Karl-Otto (Hrsg.) (1967): Schriften I, Zur Entstehung des Pragmatismus, Frankfurt am Main, CP 5.358 – 5.387.

Peirce, Charles Sanders (1878): Wie unsere Ideen zu klären sind, in : Apel, Karl-Otto (Hrsg.) (1967): Schriften I, Zur Entstehung des Pragmatismus, Frankfurt am Main, CP 5.388 – 5.410.

Peirce, Charles Sanders (1878): „Deduktion, Induktion und Hypothese“, in : Apel, Karl-Otto (Hrsg.) (1967): Schriften I, Zur Entstehung des Pragmatismus, Frankfurt am Main, CP 2.619 – 2.644.

Peirce, Charles Sanders (1905): Die kritische Philosophie und die Philosophie des Commonsense, in: Apel, Karl-Otto (Hrsg.) (1967): Schriften zum Pragmatismus und Pragmatizismus, Frankfurt am Main, CP 5.523 – 5.525.

Rammert, Werner: Technikvergessenheit der Soziologie? Eine Erinnerung als Einleitung, in: Rammert, Werner (Hrsg.) (1998): Technik und Sozialtheorie, Frankfurt am Main/New York, S. 9-28.

Rammert, Werner: Die Form der Technik und die Differenz der Medien, Auf dem Weg zu einer pragmatischen Techniktheorie, in: Rammert, Werner (Hrsg.) (1998): Technik und Sozialtheorie, Frankfurt am Main/New York, S. 293-326.

Rammert, Werner/Schulz-Schaeffer, Ingo: Technik und Handeln. Wenn soziales Handeln sich auf menschliches Verhalten und technische Abläufe verteilt, in: Rammert, Werner/Schulz-Schaeffer, Ingo (Hrsg.) (2002): Können Maschinen handeln? Soziologische Beiträge zum Verhältnis von Mensch und Technik, Frankfurt am Main, S. 11-64.

Rheinberger, Hans-Jörg (2001): Experimentalsysteme und epistemische Dinge, Göttingen.

Simms, Timothy: Soziologie der Hybridisierung: Bruno Latour, in: Moebius, Stephan/ Peter, Lothar (Hrsg.) (2004): Französische Soziologie der Gegenwart, Konstanz, S. 379-396.

Strübing, Jörg: Symbolischer Interaktionismus revisited: Konzepte für die Wissenschafts- und Technikforschung, Zeitschrift für Soziologie, Jg. 26, Heft 5, Oktober 1997. S. 368-386.

Wittgenstein, Ludwig (2003): Logisch-philosophische Abhandlung, Tractatus logico-philosophicus, Frankfurt am Main.

Autorenprofil

Ulrike Neumaier, M.A. wurde 1962 in Neuenstadt am Kocher geboren. Ihr Magisterstudium in Philosophie, Soziologie und Politikwissenschaft schloss die Autorin 2007 mit dem akademischen Grad Magistra Artium erfolgreich ab. Bereits während des Studiums interessierte sich die Autorin für interdisziplinäre Forschungsansätze. Lag ihr Fokus zu dieser Zeit noch auf einer Vernetzung zwischen den Geistes- und Sozialwissenschaften untereinander, verschob sich dieser nach dem Studium auf eine Verknüpfung zwischen Geistes- und Naturwissenschaften bzw. Medizin.